中华优秀家风故事

匡济 编著

中国方正出版社

目　录

做官之道

处世之道

为人之道

01

司马迁：大孝之道在立身

> “且夫孝，始于事亲，中于事君，终于立身。扬名于后世，以显父母，此孝之大者也。”

这是出自《史记》之《太史公自序》的一句话，大意是孝道这件事情，从孝顺父母开始，然后要上升到忠于君王和国家，最终达到成就事业，青史留名，让父母乃至家族荣耀的境界，这才是大孝。

这并非司马迁所言，而是他的父亲司马谈临终的一番教导，算是给司马迁留下的一条家训。这句话其实是出自儒家典籍《孝经》，在司马谈的临终遗言中成为家训性质的存在，则是因为承担了“托孤”之重，只不过这个“托孤”托的不是人，而是一件事，一件大事，一件需要父死子继的千秋大事。

到底是什么样的大事，需要司马谈留下如此一个大孝之家训呢？

良臣哀亡留遗命

按照《太史公自序》所言，司马迁的家族，从上古时代开始就是史官家族。那个年代的史官并非是后来只管记录历史的“史官”，而是掌握了大量知识的精英阶层，相当于统治机器中的智囊，故而司马迁的家学渊源可谓十分古老。

但随着后来的战乱变迁，这个家族一度衰落，到了春秋战国时就逐渐失去了家学传统，以至于司马迁的先祖有不少都干起了武将的工作。后来这些习武的先祖在刘邦麾下立下不少军功，得到了不少土地封赏，和平降临后，便依靠土地做起了生意，又开始从商。到他祖父司马喜时，便以向国家捐献大量粮食的方式买到爵位，成为贵族。看来直到此时，家学应该都未得到恢复，否则司马喜完全可以凭借才学入仕，何须“买官”？

直到司马谈的出现。

司马谈虽然得以世袭司马喜的爵位，却并未满足于此，或者是再捐点粮食什么的换个更高的爵位，也对经商没什么兴趣，而是拾回了断绝许久的家学渊源，并依靠博学多才引起上面注意，当上了太史令。

太史令这个职位，其实并不算什么大官，相当于国家图书馆馆长外加国家天文台台长，俸禄六百石，大约与当时一个小县的县令待遇差不多。

当然，身为贵族兼商人之后的司马谈并不缺钱，他的心思也不在钱多钱少上。他在长期的钻研中，越发感到家学渊源之古老，乃至有了一种使命感，不仅要复兴家学，还要以学问来成就一番事业。

如此说来，当太史令，正好。得以接触大量外界难以见到的珍贵典籍，司马谈的使命感逐渐清晰起来，并化为一个具体的执行目标，那就是编写一部史书，继承发扬孔子所著《春秋》的精神，将人间善恶忠奸、王朝兴衰得失加以总结提炼，达到通世事之变、为后人之鉴的目的。

就在他踌躇满志之时，却有重大打击降临。这重大打击来自汉武帝。

一提到汉武帝，后人的印象便是雄才伟略，但实际上这个在位长达五十多年的帝王，到了中后期也是昏聩腐败，做了许多恶事。

比如求神拜仙。

但凡得到越多的人，就越怕失去，已经得到天下的帝王，则最怕死亡，死了就什么都没有了。故而古代帝王一到晚年，大多沉迷于求神拜仙，为的就是弄到传说中的长生不老药。在这方面，秦始皇算是开了个头，汉武帝则紧随其后。

当时有一种专门利用求神拜仙来招摇撞骗的“职业人士”，唤作方士，也就是当年秦始皇“焚书坑儒”所坑的“儒”，一度沉寂，到了汉武帝时代，因为上有所好，又开始如雨后春笋般涌现出来。他们的演技其实并不太高明，屡屡被汉武帝拆穿，屡屡被杀掉，却又屡屡前来行骗，因为汉武帝早已沉迷于其中不能自拔，杀了一个又信一个。

到了最后，黔驴技穷的方士就鼓动汉武帝去泰山封禅，称如此可将长生愿望传给天上的神仙，或许能得赏一两颗仙药。

封禅乃是古代的一种帝王信仰，自认为了不得的帝王到泰山去举行仪式，告诉天帝自己在人间的成就，以此来威震天下，给自己贴上明君的标签。

既然如此重要，那么细节一定很多，不是简简单单去山上吼两声就行。汉武帝召集群臣商议，不料这些人都支支吾吾，说不出个具体方案。原来自秦始皇当年封禅泰山之后，已过去百余年，经历战乱后，许多典籍、知识都已遗失，竟没人记得封禅到底该如何操作了。

但有一个人知道——司马谈。

以他的博学和他所掌握的大量典籍，要发掘出封禅的“正规流程”，根本就不是什么难事。

汉武帝却将他隔绝在外。为何？

因为若按照司马谈的操作方式，这个封禅绝对不会成为汉武帝所希望的求神拜仙模式，而是极有可能成为一场庄重的祭祀。

汉武帝不要祭祀，他要长生不死。

所以他只是象征性地征求一下群臣意见，通知一下大家，我要搞这个事了，然后就将具体的事情交给他最信任的一帮方士去操办了。

身为统治机构里面最博学的人，却被帝王直接排除在这件需要博学知识的大事之外，这对于司马谈而言，算是极大的打击。更为荒唐的是，取代他的人，还是一些胡说八道的方士！

司马谈一怒之下，大病上身。

可能因为平时专注于学术研究，身体锻炼方面有所忽视，这一病之下，司马谈就一脚迈进了死亡的门槛。

他所要完成的事业却几乎还没有起步。

还好，他有一个才学同样出众的儿子——司马迁。

司马迁自幼便得到司马谈悉心教导，不仅博览群书，还行万里路，游历天下，收集了许多前朝史事。

显然，司马谈一开始就将司马迁当作接班人在培养。

若不是自己承受不住汉武帝所降的打击，司马谈的打算，应该是自己先编一部草稿，由司马迁来补充完善。

现在却要提前交棒。

深知此事之艰难、此事之清苦，司马谈非常担忧二十岁出头的司马迁会禁不住功名利禄的诱惑，熬不住埋头著史，再度放弃家学，让这部史书胎死腹中。

故而他在临死时，给司马迁留下了一段深沉的家训。

在家训中，司马谈再度提醒司马迁，司马家族不是商人家族，也不是武将家族，而是史官家族，这个传统以前可能丢过，现在绝不能丢，如果司马迁丢了，那么司马家族也就沉沦了，天下修史的传统，也可能就此断绝了。

司马谈特别引出《孝经》中的那段话，训诫司马迁，人生的事业，不是做大官，不是赚大钱，而是能影响千古。怎么影响千古，从司马家族的历史来看，那就是修成一部旷世史书。

这才是大孝。

发愤著史成大孝

对于父亲司马谈的临终遗训，司马迁并未有豪言壮语，他当时只说了一句："虽然我比较愚笨，却一定会尽力收集编纂先人留下的史事，不敢有所遗漏。"

话很平实。要做到那份平实，却需要极大的毅力与决心。

以司马迁的身份和才学，要学司马相如一类的时髦文人去博取荣华富贵完全没有难度，须知他曾经一度担任过汉武帝的亲信随从。但他不敢违背父亲遗训，也不会有这样的念头。自幼成长于父亲教导下的他，其实心中早就有了成为接班人的理想，父亲的早逝，尤其是因为汉武帝昏聩而导致的早逝，让他更加坚定了这一理想。

汉武帝这般堕落的状态，不正是应该写到史书中警醒后人吗？

于是，在三十八岁的年纪，司马迁继承了父亲的职位。四年之后，准备得差不多了，他便开始了著史的浩大工程。

他专注于其中，辛苦于其中，若不出意外，旷世巨著《史记》大约会在他五十岁前便得以完成。

不料又有重大打击降临。还是来自汉武帝。

这一次的起因，并不在于封禅，而在于一个名叫李陵的人物。

李陵，飞将军李广之孙，在继承了李广的勇武善战之同时，也继承了那悲剧的命运。

当时匈奴已在汉朝接连打击下大为衰落，但依然不可小视，对西域威胁甚大。汉武帝继续发兵进行打击，却用人失当，弄了一个名叫李广利的皇亲国戚来当统帅。这个李广利屡战屡败，甚至差点全军覆没，汉武帝却依然用他统兵，引得许多将领不满。

李陵即为其中之一。

在一次出征中，汉武帝命这个飞将军之后给李广利押运粮草，负责后勤工作，早就压抑多时的他，则直言不愿给李广利当运输队长，而是要领兵前去厮杀。

汉武帝当时似乎也没生气，而是欣然同意李陵的出击请求，同时还命另一个老将路博德前去支援。

不料那路博德自认为资历老，根本不愿意给年轻气盛的李陵当援兵，害得李陵孤军深入敌境。

偏偏又遇上匈奴主力。

李陵麾下五千人，都是步兵，匈奴却来了三四万骑兵。但这五千步兵皆是从当年楚国故地、项羽故乡招募来的精悍勇士，以步抗骑，以少击多，激战数日，用箭五十余万支，竟占得上风，让那匈奴人没讨到一点便宜。

然而孤军终究是孤军。

这支失去接应、失去支援的孤军，终于战到了弹尽粮绝的地步，李陵甚至有单枪匹马去擒杀匈奴首领的行动。

大势已去。

最后，四百余名残兵突围，李陵自觉无脸回

去，投降了匈奴。

消息传到朝廷，顿时掀起一股猛烈的声讨风暴，大小官员都在痛骂李陵，甚至极力高呼要灭他满门。

唯独司马迁唱反调。

他继承了家学，继承了家族的史官传统，只会按照事实来说话。

他的意见是，李陵以五千孤军深入敌境，对抗数万匈奴主力，杀伤甚多，最终也未全军覆没，大家怎么就忘记了他的孤军血战？他之所以投降，不过是为了等待将来再度报效国家的机会。

这番话激怒了许多人。比如，曾经差点全军覆没、这次出征也差点全军覆没的李广利，没有支援李陵的路博德，最关键的是激怒了汉武帝。

在汉武帝听来，司马迁分明就是在指责自己胡乱用人，赏罚不明，偏袒李广利，如果要满门抄斩的话，李广利早就该法办了！

年老昏聩且易怒的汉武帝，竟然下令将司马迁打入死牢，准备处死，罪名是“大不敬”。

司马迁不怕死。但他怕违背家父遗训，担心不能完成史书，断绝了家学传统。

于是，他作出了一个极为沉痛也极为勇敢的决定——自请腐刑，以苟活下去，完成著史的事业。

腐刑是一种极为残酷的刑罚，是对身体直接的摧残，以司马迁的身份，遭此打击，其惨烈程度可想而知。

何况他还是自请腐刑。

死，很容易，苟活，则万难。背负了巨大屈辱与痛苦的司马迁，却绝不会倒下，他残存的人生与残存的身体，在父亲遗训的支撑下、激励下，在继续推进那部旷世巨著。

出狱之后，却还有新的打击降临——汉武帝任命他去当中书令。

中书令这个官职在西汉后期属于显要的帝王心腹，但在汉武帝的时代，却是用宦官来当差的卑贱官职。

汉武帝此举何意？此举乃是对司马迁的羞辱与打击！

他怎么办？发愤著史书！六年之后，《史记》完成。

这是用血与泪写就的一部旷世巨著，也是倾注了司马谈家训精神的一部家风之作。这个家族的价值观存留于司马迁所写下的一个个文字之间，每一篇文章之后的“太史公曰”，就是司马迁发出的家族之声。

他没有辜负父亲的遗训，他坚守并发扬了家族传统。

但他也再次激怒了汉武帝。

因为《史记》毫不留情地批判汉武帝的一些“丰功伟绩”，特别是求神拜仙之举，这位即将入土的帝王再度将司马迁打入死牢，并使之最终死于牢中。

但汉武帝阻止不了《史记》流传下去，它还会永远流传下去，直到某一天即使没人关心汉武帝是谁，也不会忘记这部人类历史上不可缺少的巨著，以及司马迁这个悲剧人物。

但愿司马谈家训中的精神，也会永远流传下去。

02

王祥：五德传世家门旺

“夫言行可覆，信之至也；推美引过，德之至也；扬名显亲，孝之至也；兄弟怡怡，宗族欣欣，悌之至也；临财莫过乎让：此五者，立身之本。”

这段话出自魏晋时期的王祥所作《训子孙遗令》。大意是教导后世子孙，在做人的问题上，要有五条基本原则：诚信、谦虚、孝顺、团结、大度。

而以王祥的子孙在历史上的活动轨迹来看，这五项基本原则中，最为重要的一项，无疑当属团结。

家人的团结。

因为团结，这个家族一度兴旺发达，在乱世中立下一片基业；因为不团结，这个家族也一度面临大难，几乎分崩离析乃至刀兵相向……

兄弟大孝显德行

其实王祥当属于三国人物。

出生于东汉末年山东琅琊一带的他，刚好遇上了黄巾起义，天下战乱，在他长大成人那一年，曹操即将统一北方。

王祥的登场时间，在三国中晚期，和司马懿算是同辈。

只不过在英才纵横、群雄并起的那个时代里，他的名气实在太小，故而不为人所知。

但在中华孝道史里面，他算是大名鼎鼎了。

流传甚广的“二十四孝”中，有一个“卧冰求鲤”的故事，主人公就是这位王祥。

王祥有一个恶毒的后母，因为自己有一个儿子，所以想方设法要害死身为长子的王祥，以夺得家产继承权。王祥在其虐待之下吃够了苦头，但他自幼饱读诗书，深受儒家思想影响，觉得自己这番遭遇，类似于传说中上古圣人虞舜的童年，应该学习圣人的做法，以德报怨，以孝事亲，即便是那仇视自己的后母。

如寒冬腊月之际，后母患病，需要补一补，如有鲜鱼最好，王祥便到河边去寻。到河边一看，冰冻三尺，如何得鱼？王祥的解决办法是脱下上衣，想以体温融化冰层，不料天降奇迹，冰层自动开裂，还蹦出两条鱼落到他的手里。

这大概是寄托了美好寓意的传说，真实的历史则是这位后母长期虐待王祥，管你怎么孝顺，非要置之于死地不可，而且她还有本事蒙蔽他的生父，令其也十分厌恶王祥。王祥处境越来越危险。

但有他的异母弟弟王览站出来相护。

这个王览正是后母想“传家”的那位，不过他对此全无兴趣，因为他与异母哥哥王祥其实属于一类人。

在孝道的大义下，自然不可能采取过激措施对待作恶的母亲，但自己可以在悌道，也就是兄弟友爱团结的大义下，保护自己正在受难的异母哥哥。

他极力劝告母亲，即便收效甚微也是长期坚持。而母亲每有虐待或者加害的意图，他便站出来一同承担，甚至以身相代。如母亲让王祥去干重活，他也一同去干，母亲要用毒酒和毒菜毒死王祥，王览便抢着先要去吃喝，吓得母亲赶忙作罢……如此到了后来，竟然让这位生性歹毒的母亲渐渐有了些改变，再也不执着于要害死王祥了。

这便是兄弟团结之力。

比起那传说中的虞舜，王祥可谓幸运得多了，他有一个如此大义的弟弟，还是异母弟弟。而他，也必然由此对团结二字，有超出常人的体会与理解。

时势也容不得他们不团结。

成年以前，是袁绍、曹操、吕布等争霸的战乱时代，成年之时，则是曹操横扫北方，各大势力的残余乱兵到处为害，琅琊当地的许多望族都四散奔逃，其中便有诸葛亮所属的琅琊诸葛氏一支。

琅琊王氏也踏上了逃亡之旅。

过程一定充满了死亡与惊险。王祥的父亲大约就死于路上，王氏族人更是四散飘零。

他与弟弟王览相互扶持，带着母亲辗转到了庐江，也就是周瑜的故乡。有没有遇上周瑜不得而知，但王祥在此地倒是隐居了差不多二十年。

在兄弟二人共同经营之下，王氏一族也再度兴旺起来。

又碰上三国鼎立，曹操急于求才，像王祥、王览这种以德行闻名于当世、又很有些学问的人物，正是魏国所需。

兄弟二人随后都被征入朝中为官。而且仕途颇顺，二人都做到了很高的官位。

即便遇上司马家族篡位，曹魏覆灭，身为旧臣的他们，也能继续保有高官厚禄，甚至还继续晋升，直到位极人臣的三公之列。

其中也经历了许多生死瞬间，但一来王氏兄弟应变有方，二来他们的德行美名早就传遍天下，三来王家并不掌兵，也无多少实权，只是头顶一些虚衔而已，故而司马氏不仅未予以加害，反而予以厚待。

兄弟两人却早就畏惧这生死不由人的权力战场，更忧虑哪一天祸及家人，屡屡请求退休，却屡屡被拒，好不容易被批准了，哥哥王祥却要先走一步。

身为一个从童年苦难与乱世凶险中熬过来的人，王祥将他对这个家族的训诫留在了一篇《训子孙遗令》中，除了苦口婆心地要求子孙不可厚葬他，要节俭办理丧事外，就是语重心长地立下了那五项基本做人原则——诚信、谦虚、孝顺、团结、大度。

其弟尚在。

当时王祥的子嗣大多早亡，这个家族的主力成员多为弟弟王览后裔。王祥当然不会有什么忌妒心理，他反而因此感到告慰。

我死了，还有我弟弟，我弟弟死了，还有我弟弟的子孙，只要家人团结，王氏定然不衰。

临死前，他将一柄珍藏多年的宝刀赠予弟弟。

那是当年推荐他的一位曹魏大臣所赠，大臣曾预言他会位极人臣，如今他赠予弟弟，则是寄托了弟弟的子孙兴旺这个家族的无限期望。

那么，弟弟的子孙将有一番什么样的表现呢？

兄弟反目家国乱

王祥、王览死后，这个家族继续走上坡路，其子孙大多是朝廷高官。而王祥留下的家风遗训也得到了严格的遵循。

尽管他们在政治上有这样那样的问题，但在个人德行上，尤其是家人团结上，始终都能坚守家训。

而乱世的考验也再次降临。

与王祥的子孙比较起来，司马懿的子孙在德行上就要差劲许多。除了奢靡腐败、暴虐无道之外，这一家人完全不懂团结的道理。本来他们都是各地的诸侯王，江山似乎是牢牢掌控在他们手中的，外人难以染指，但他们却非要在兄弟之间争个高下，以至于到了后来互相打起来，酿成史称“八王之乱”的惨剧。但凡历史上一个王朝内讧剧烈，就必然会有许多外敌乘虚而入，当时便有许多枭雄拥兵而起。西晋的江山，也就在掌权的司马家族乱来之下步入了灭亡境地。

西晋即将崩溃之际，司马懿的一个曾孙司马睿，因有“先见之明”，早早地躲到了江东一代，并在一帮从北方流亡而来的臣子出谋划策之下，利用这块暂时远离战祸的地方，建立起一个苟延残喘的东晋来。

这帮臣子中最为重要的，便是王氏子孙。

其中有王导与王敦兄弟二人，一个负责政治、一个负责军事，一个主内、一个主外，短短时间就让根基浅薄的司马睿在人生地不熟的江东站住了脚。

当时王氏势力极大，占据着东晋王朝大部分重要官位，形成了“王与马，共天下”的局面。

司马睿对王氏家族也是极为尊重，尤其是长期伴随于身边的王导，简直是无话不从。两人自幼相识，私交颇深，在西晋倾覆之际，又是王导给司马睿出谋划策，让他到南方建立基业，后来也是靠他联络当地豪强。如此依赖，以至于到了司马睿称帝时，要让王导坐到宝座上和他一起接受群臣跪拜喊万岁的境地。又有记载称，司马睿嗜酒如命，却在王导一番劝诫下成功戒酒了，以古今千百万酒徒本性难移的定理来看，这个王导在司马睿那儿的影响力可谓大到了能颠覆人性的地步！

这当然是表面上的功夫。

司马睿毕竟是司马懿的子孙，骨子里流淌着一股权力斗争的血液，何况他还是经历过“八王之乱”的人，国之重器岂能操于外人之手？表面上言听计从，司马睿暗地里的心思则是不得不依赖王氏家族力量的同时，又对这个家族越来越忌惮，越来越想除掉。

一旦寻找到了可以替代的家族，司马睿就按照他的节奏，开始部署起收拾王氏家族的棋局来。

对内，逐渐疏远王导，架空他的权力，另以他人代之；对外，则是调集兵马，准备讨伐手握重兵的王敦。

王导对此坦然应对，但他的兄弟王敦却没有坐以待毙，抢先造起反来。

王氏家族的分裂，也就从这次叛乱中开始萌发，王祥的遗训，遭到了后世子孙严重的背离和挑战。

他们将为此付出惨重代价。

先是王敦自长江上游的荆州起兵，顺江而下，一路势如破竹，无人可挡，大有直下建康夺帝位的气势。却丝毫不顾他那兄弟王导连同一家老小，还身在敌阵之中，有满门抄斩的危险。

其实在王敦叛乱开始时，便有人建议将王导一家都捉来杀掉。吓得王导赶紧领着一家老小以“等死”的名义，日夜跪在皇宫外，当日被拉去一同坐宝座的光景荡然无存。不过这一步以退为进倒是逼得司马睿没法下手，王导则直言家族中出了王敦这样一个叛逆，实在让他痛心，似乎兄弟已经反目。后来王导甚至还在司马睿的命令下，亲自领军前去与这个家族叛逆交战。

到了王敦打到建康，控制了朝廷，将司马睿挟持起来后，王导表面上对这个弟弟采取不赞成、不支持、不顺从的态度，但表现得并不是很坚决，以至于有许多人认为他实际上站到了叛逆兄弟一边，皆以此非难他的政治操守和人品，认为他不过是一个贪生怕死的投机分子而已。其实要在家人团结的大义与国家稳定的大义之间平衡取舍，王导实在是找不到其他的办法，他一面不愿同王敦完全决裂，一面又不愿王敦真的篡位。

待到司马睿忧愤气死于宫中后，继位的司马绍在王敦眼中实在没有做皇帝的资格，篡位之心越发强烈。

却不料被王氏族人所“出卖”。

某夜，王敦在和心腹商量要怎么干时，他所喜爱的侄儿王允之也在身边，这位聪慧的子孙一听就知道是他不应该听的内容，便装成烂醉昏睡。

须知这位王敦早有杀兄的前科，曾有一位名叫王棱的兄弟以王祥遗训告诫他不要乱来，结果竟被王敦视为仇敌刺杀了。王允之当然明白，不如此骗过这个叔父的话，他估计也难逃一死。

而在王敦上当之后，王允之则寻机逃走。

逃到哪儿？逃到王导那儿，并将王敦的阴谋全盘托出。

王导闻之，久久不语。

王氏家族的分裂，看来已经不是他所能阻止得了的了，在国家与家族之间，这一次他只有一个选择。

他选择了国家。

将自己兄弟的阴谋报告给司马绍，司马绍也对大义灭亲的王导采取信任态度，让他参与到对付王敦的决策圈中来。

王氏将乱。

当时，跟随王敦作乱的王氏子孙不少，站在王导一边支持朝廷的也大有人在。为了尽快平叛，早就知道王敦有病在身的王导，以家族名义公告天下，此人已经病重身亡，试图以此打击叛军气焰，加重王敦的病情。

王敦得报大怒，还真的病情加重，难以上阵，只能将大事交予另一位兄弟王含，兵发建康。

王导前去劝降，拿出了大家都是王氏兄弟、

同出一门的道理，但家族分裂已到了这种地步，那些王氏子孙怎么可能还听得进去？

但叛乱未能得逞，王敦病死。

其残余势力以兄弟王含、王应为首领，忙于逃命。王应建议去投奔驻守江州的王彬，虽然此人曾怒骂作乱的王敦，却是此时唯一能庇护他们的王家人。

王含却认为应该去投另一位兄弟王舒。

结果是到了王舒门前，被这位兄弟“大义灭亲”，连同王含的儿子一起淹死于水中。

而王敦的尸体，也在随后不久被从坟中挖出，斩首示众。

这一幕国家动乱、家族分裂的惨剧到这里也就落下了帷幕。

曾经显赫于东晋的王氏家族，再也不复当年的荣光，虽然王导等人依然在朝中为臣，但权势大减。虽然他们的子孙依然众多，依然尊贵，但已经不是能影响东晋历史的主力了。王导之后的下一代王氏子孙，出彩的领域，就换作了书法艺术，最为有名的便是王羲之。

03

颜之推：平实家训传大义

“夫圣贤之书，教人诚孝，慎言检迹，立身扬名，亦已备矣。魏、晋已来，所著诸子，理重事复，递相模学，犹屋下架屋、床上施床耳。吾今所以复为此者，非敢轨物范世也，业以整齐门内，提撕子孙……”

这段话出自《颜氏家训》，作者阐明自己之所以要写下这部家训，并不是要用来“治国治天下”，或者冒充圣贤扬名立万，只是立足于养成良好家风，达到修身齐家的基本目的。

听来极其平实，不太“高大上”，但这种平实态度却造就了一部旷世之著。

中华文明历经数千年，传承至今的家风文化遗产何其多，家训方面的著作更是不计其数，若要从中选一部影响最大、流传最广的出来，那么必然就是这部平实的《颜氏家训》。而这部成书于南北朝乱世末期的家训著作，之所以会产生如此巨大的价值，也就在于其提倡者——颜氏家族，许多家族成员都以平实态度遵守了那些平实的训诫，并从这种看似简单实则不易的平实中培养出了一股大义……

家风不可乱

《颜氏家训》的作者名为颜之推，乃距今大约 1500 年的南北朝末期人氏，其先祖为孔子高徒颜回。那颜回生活的时代正值春秋诸侯争霸战的高潮，纷乱不已，而他的后世子孙颜之推生活的南北朝末期，纷乱程度更是有过之而无不及，其一生颠沛流离，屡屡命悬一线，多次亲历王朝覆灭，受够了身为乱世人的苦楚悲凉。

论出身，其实颜之推还算是一个家境优厚的士族，其父颜协学识过人，在南梁王朝荆州刺史萧绎麾下担任要职，家境还算不错。不幸的是，父亲在颜之推八九岁时便早早离世，家道随之没落。物质生活堪忧的同时，颜家的家风也在衰颓，直接影响到颜之推的成长，故而后来颜之推在《颜氏家训》开篇就提到，当年丧父之后，因为缺少训导，自己的作风一度走上歪路，似乎还犯了一些颇大的过错，成年之后才有些醒悟收敛——“年始九岁，便丁荼蓼，家涂离散，百口索然……肆欲轻言，不修边幅。年十八九，少知砥砺，习若自然，卒难洗荡。二十已后，大过稀焉”。

好在颜之推并未让自己的才智发展也走上歪路，反而是有所精进，深为萧绎赏识，成年之后得以靠此踏上仕途。

他的仕途一开始就遇上了战乱，乃至死亡的威胁。

当时南梁王朝有个名为侯景的叛将席卷境内，手握重兵的萧绎本可以火速平叛，却因为私心作祟，想借侯景之手除掉竞争对手，好让自己出来收拾残局，当上皇帝。为了做做样子给世人看，便派了宝贝儿子萧方诸领了万余人马前去意思意思，而陪同者之一便是颜之推。结果被侯景一顿痛打，全军覆没，颜之推与萧方诸等人都做了俘虏。

这个侯景其实是从北方逃亡来的军阀，残忍嗜杀，尤其仇视士族，因为这些人以前十分鄙视自己，他一见到这些俘虏，便要大开杀戒。

就在人头不保之际，却有侯景部属出来相救，保得性命，其在牢中困了三年，直到“大功告成”的萧绎登上帝位。

萧绎也并没有在帝位坐太久，仅仅两年，他的王朝便被从北方杀来的西魏攻灭。

颜之推再度被俘。

不幸中的万幸在于，那西魏政权对有真才实学之人十分重视。颜之推这样的人物，本可以再度谋个官来当当，他却始终不从。不仅不从，还在始终寻找逃走的机会。在被俘一年多之后，他偷偷以船运家人，过黄河，到达了另一个北方王朝——北齐，计划由此绕道回到故国。

他的故国却早已改朝换代，被名为南陈的政权所取代。

故国亡去人犹在，人往何处去？

颜之推只得留于北齐，开始了在异国为官的人生。

凭借自己的学识，颜之推在北齐也很受重视。但在他待了二十来年后，这个王朝却在另一个北方王朝——北周的打击下覆灭了。

覆灭之前，颜之推被派到平原郡去当太守，死守一条退路。

颜之推的名声早已为北周所闻，身为降臣的他，继续得到重用，然而北周很快又被隋朝所取代。

这是他亲历的第三个王朝覆灭。

此时颜之推已是五十来岁的老人，自二十岁兵败被俘开始，三十年乱世流离，无数血与火的教训，让他无比清醒地认识到了一点，那就是：乱世乱，家风不可乱。

当时，南方士族阶级的生活腐化，家风普遍不正，不学无术、道德低下的酒囊饭袋比比皆是，可他们却窃居高位、把持朝政，给乱世增添更多的浑浊，结果是在毁掉了国家、害够了百姓之后，将自己也埋了进去，无数从汉朝就开始繁衍的所谓名门望族就此湮灭。

在《颜氏家训》中，颜之推就痛心地提到，那些酒囊饭袋在面对外敌来犯时胸无半策，要么投敌，要么被俘，结果都是被敌人驱遣如牛马，甚至直接杀掉。因为在外敌眼中，有才有德的南方士族才值得尊敬、重用，酒囊饭袋则人人见而厌之，这也是颜之推能苟活残存于乱世的缘故，否则他很可能早就在兵荒马乱中一命呜呼了。

有鉴于此，颜之推在自知大去之期不远矣的五十来岁时，将自己的乱世经历与感悟，汇聚到家风这一点上，开始撰写《颜氏家训》，耗费近十年心血，终告完成。

此书分二十篇，从治学、教子、处世、治家等方面对家风之养成进行了全面而系统的论述，将以儒家思想为主的伦理道德与教育理念贯穿其中，又有颜之推亲身经历的许多乱世教训，平实又极为贴近生活，没有落入故弄玄虚、空泛说教的俗套，即便在今天读来，也是极具指导意义的家教指南。

此前，历朝历代也有不少家训方面的作品，但多是一些散乱书信，没有一部像《颜氏家训》这样“专业”，故而许多后世学者将此书视作中华家风文化成熟的里程碑。

书成之后不久，颜之推便离开了这个世界，当时隋朝已经统一天下，和平降临，乱世似乎从此终结了。

他的子孙会在这部平实家训的训诫下，有什么样的表现呢？

慷慨赴国难

乱世并未终结。

隋朝短暂的统一并未持续多久，颜之推离世后不到二十年，天下便再度陷入战乱之中。

他的子孙却始终恪守平实家训，家风不乱，不仅让家族得以存续下去，还逐渐兴旺起来。

其长子颜思鲁、次子颜愍楚、三子颜游秦都是才德兼备之士，后来都得到新兴的大唐王朝重用。特别是三子颜游秦，在人心惶惶的乱世之中，以自己的善行高义感化乡邻，唐高祖李渊闻之特意下旨褒奖，后来为官一方，造福百姓甚多。

第二代子孙也尽皆学问深厚、德行高洁，其中有名为颜师古的，在学术上有重要贡献，有大量著作传世。此外，颜家历代所重视的书法艺术，经过多年传承，到了这一代子孙，也开始展露出要开创一门一派的迹象。

那就是闻名后世的颜体。

其真正的开创者，乃是唐代书法家颜真卿，他是颜之推的第五世孙。名门之后、才德过人外，加上写得一手好字的他，很早便进入监察系统工作，结果却因为性格刚直、行事严谨而得罪了奸臣杨国忠，被其排挤出中央，到平原郡去做太守。

平原郡？不错，正是他的先祖颜之推做过太守的那个平原郡。

一百七十多年后，颜之推的子孙再度到此地为父母官，表面上没有当年死守孤城的凶险，实际上却是暗流涌动，乱世即将再起。

原来这平原郡位于河北地区，属于安禄山的

管辖范围，而此人早就蓄谋反叛。颜真卿一到任上，就察觉到大事不妙。当时安禄山对中央来的官吏都是采取拉拢策略，只是颜真卿身为颜之推后代，自幼便秉承家训大义，怎么可能和他去搞叛乱？然而颜真卿也不可能是家训中批判的那种不知所措的酒囊饭袋，在一番冷静思考之后，决定采取表面温顺、暗中备战的策略。安禄山见颜真卿表现得文弱又听话，以为不过是个只知道写写毛笔字的书呆子，便没有再多加监视，甚至在叛乱开始后，还要颜真卿去帮他守黄河。

颜真卿绝不会与叛贼为伍。

他立即派密使进京，将叛军军情报于唐玄宗。

须知当时那些河北地区的太守们，一遇到叛军打来，不是开门投降就是直接开溜，唐玄宗为此哀叹竟无一个忠臣义士。直到颜真卿密使的到来，他才由哀叹化为惊叹。

趁安禄山长驱直入、后方空虚之际，颜真卿毅然起兵抗贼，一时间河北多地纷纷响应，短短一月内，竟然汇聚起了二十多万人马。河北二十四郡中，只有六郡还在叛军手中，其余都已随颜真卿起兵，眼看安禄山的老巢就要被端了。

当时安禄山已攻下洛阳，正忙着进攻长安，得知后方大乱，急急忙忙撤兵而还，结果让仓皇出逃的唐玄宗等人有了喘息之机，得以收拾残兵败将，稳住局面。

就在形势大好之际，唐朝内部一些将领却各怀鬼胎，手握重兵却坐视河北义军而不救，没过多久，颜真卿之兄，常山太守颜杲卿就因为孤立无援而被叛军击败，被残酷的手段杀害，一同殉难的还有颜杲卿之子颜季明等颜家成员三十多人。

噩耗传来，颜真卿悲愤异常，却又无暇悲愤，因为他要抵挡那气势汹汹杀回来的叛军。针对河北义军缺乏协同，易被叛军各个击破的致命伤，他听从一个名为李萼的谋士之建议，紧密联合附近几个大郡，组成联军对抗叛军，一场血战后获得大胜，再度扭转河北局势，连叛军方面一些将领都开始动摇起来。

此时却又有噩耗传来。

在年迈昏聩的唐玄宗瞎指挥之下，好不容易汇聚起来的朝廷大军在潼关被叛军打得几乎全军覆没，长安陷落，唐朝中央权力核心西逃，本来已经杀入河北的郭子仪等人只得匆匆回师救驾。气焰高涨的叛军再度反攻回来，夺得多地，只剩下颜真卿据守的平原郡与附近两郡还在苦苦支撑。

随着叛军包围圈的逐渐缩小，难以继续支撑下去的颜真卿只得率部突围。

此时，唐朝皇帝已从唐玄宗换作了唐肃宗。

新皇帝没有让颜真卿继续领军平叛，而是让他干回了老本行，负责监察工作。

当时朝廷尚未从混乱中完全恢复过来，跟随唐肃宗的官员也是良莠不齐，时有违法违规之举，朝风极为不正，许多人却认为乱世不同平常，何必大惊小怪。但在传承了“乱世乱，家风不可乱”之精神的颜真卿看来，这恰恰是最需要正风的时候。

于是颜真卿便开始脚踏实地地履行监察职责，因而他也就又得罪了不少人。

在那个大唐王朝已经衰落的年代里，颜真卿这样认真严肃的人无疑属于异类，久而久之连皇帝都失去了容忍心。到了唐德宗继位后，又有新的叛军来犯，于是早就想除掉颜真卿的奸臣卢杞便建议让颜真卿去做使者说降叛军。

送羊入虎口！而唐德宗居然是一口答应。

朝中正直大臣听闻，无不骇然变色，纷纷劝阻颜真卿，但这名颜之推的子孙却毫无畏惧地慷慨上路了。

《颜氏家训》虽然平实，却从来就不是嘴上说说而已，现在到了自己要用鲜血为之殉道的时候。辱没家风的罪名，他担当不起！

颜真卿去了。

面对这样一位年近八十、一脸刚毅的天下名臣，叛军头目李希烈又能怎么样呢？他一时半会儿还不敢妄动杀念！只有将其先软禁起来，当作要挟朝廷的一张王牌，殊不知，那个昏暗的朝廷早已放弃了这位忠臣……

软禁数月之后，颜真卿终被李希烈杀害。

他，还有他的兄长颜杲卿，在《颜氏家训》

之训诫下成长起来，最终又以自己的生命向世人诠释了那二十篇平实家训所蕴含的大义。

这种精神也潜藏在了他所开创的颜体之中。这种平实凝重、雄浑遒劲的书法风格，正是其人格以及家风品格的真实写照，观其字，知其人，更知其家风。今人何不去寻一本以颜体写成的《颜氏家训》，细细品读，用心感受那股平实而不平凡的力量呢？

04

苏洵：兄弟团结共患难

“轮辐盖轸，皆有职乎车，而轼独若无所为者。虽然，去轼，则吾未见其为完车也。轼乎，吾惧汝之不外饰也。天下之车莫不由辙，而言车之功者，辙不与焉。虽然，车仆马毙，而患亦不及辙，是辙者，善处乎祸福之间也。辙乎，吾知免矣。”

这段话出自北宋初年的苏洵所作的《名二子说》，他正是名列唐宋八大家的“三苏”之一。此文表面上的大意，乃是在于说明他给两个儿子，也就是苏轼和苏辙取名的深意，同时也是在告诫性情不同的两个儿子，在以后的人生路上要如何注意自己的做人取舍。

苏洵以马车为喻，将苏轼比作马车上的扶手，认为此子虽然才智过人，但性情过于张扬，很容易自视甚高，乱了做人的分寸，招致祸患，故而要学会低调谦恭。至于苏辙，性情恰好与苏轼相反，好似车轮碾压形成的路径，默默无闻，又在默默注视着一切，虽然不为人知，难以显耀于世，却也难以招来横祸。

苏轼与苏辙也位列“三苏”，以才学名气论，苏轼尤其出色，但就苏洵这篇家训来看，似乎他比较推崇苏辙，而对苏轼颇有些告诫味道。不过联系到这兄弟二人以后的人生历程、仕途起伏，便会发现，苏洵之所以要将兄弟二人与一辆马车联系起来，原来是另有深意。

兄弟互助行仕途

苏洵乃四川眉山人氏，其族在当地也算是大族，但族风历来低调稳重。其祖父苏杲是一位出色的商人，却生活简朴、性情淡泊，对于财富的态度也很有意思。在他看来，钱财过多，惹祸的概率就越高，因为总有人会眼红，故而他总是尽量少去发那些横财，免得招惹是非，祸及子孙。到了苏洵的父亲苏序，也是如此性情，时常训导家人要与人为善，事事让人，切忌结怨树敌。

这个低调的家族始终没有出一个读书人，直到苏洵醒悟。

之所以称为醒悟，是因为苏洵早年忙于游荡玩乐，根本无心学习。他的父亲苏序也懒得管他，反正家底殷实，养活几张白吃饭的嘴不成问题，何况苏序本人对学问也没太大兴趣，喜好饮酒为乐，到了晚年也是如此。

但苏洵自视甚高，认为自己随便学学就胜过身边一起长大的小伙伴，却不料到了二十多岁去考科举，排在倒数几名，方才知道自己已被小伙伴们落下太远了。

于是开始发愤读书。

虽然没有关于苏洵头悬梁锥刺股的传说，但有他读书读到痴迷时，竟然将墨汁当作白糖蘸粽子吃的故事，可见其勤奋与刻苦。如此持续了十来年，读破了诸子百家之书，其间又有四处游历，行万里路交万个友的历练，到了近四十岁时，方才自觉学问已成，可以出去“卖与帝王家”了。

遗憾的是，苏洵一直坚持参加科举考试，却屡屡落榜，即便他觉得自己可以出山了，一去考试，还是名落孙山。

并非他还在原地踏步，没有进步，而是他做学问的方式，根本就不适合去考当时的科举。

作为一种考试取人的制度，难免存在应试化、公式化、刻板化等弊病，尤其是当时北宋的科举，已开始倾向于堆砌辞藻、玩弄文字游戏。

苏洵对这些技巧毫无兴趣，他读书是为了通达古今成败之理，故而最擅长的也是作政论性质的散文。但不好意思，这种文章考官不喜欢，所以只能请他回家。

经历多次考试失败后，苏洵倒是发现这种日益僵化的文风其实早就遭到许多人的厌恶，包括皇帝的厌恶，那么变革就在所难免了。自己所擅长的那种质朴厚重、以论成败得失为主的“古文”很有复兴的希望。虽然他对自己等到那一天不抱希望，但他有两个天资聪颖的儿子。这两个儿子也不似他年轻时那般懒散，自幼便接受了系统教育，加上自己的悉心教导，很有可能扬名科场。

从此，苏洵便将重心放在两个儿子身上，但他同时也担忧性情大不相同的苏轼与苏辙将如何立足于官场。特别是苏轼，张扬外向，难保不会惹祸上身。

虽然自己并未做过官，却未尝不知道官场中的那些事，一旦风波迭起，往日所谓的至交好友很可能立马翻脸成仇敌，这种事情书上记载得多了去了。

但苏洵相信，亲生兄弟之间的感情，是不会在官场利益纠葛下发生变质的。锋芒毕露的苏轼与稳重低调的苏辙，恰好形成互补，甚至还可以进一步互助互保。兄弟俩是苏家的希望，也是苏家命运的寄托，苏家这辆马车驶向何方，全看他们的配合协作，少一个都不行。

这才是苏洵那篇家训的深意所在。

到此回头看看，苏氏族风历来低调稳重，但

家学渊源并不深厚，到了苏洵一代才有所起色。至于官场仕途上的经验，这个家族更是浅薄。但苏洵根据自己读书得来的道理，以及自己的观察思考，早早确立了官场是非多、低调保平安的念头。看来对那时的官场有些畏惧，却又一直执着于要钻进去，这种矛盾心态是古代读书人一个解不开的死结。

苏洵解不开，也没指望自己能钻进去，因为年事已高，留在世上的时日无多。两个儿子即将钻进去，却前途未卜，福祸难定，所以才要早早地告诫他们，无论成败得失、高低起伏，都不能忘了兄弟情谊，要互相扶助，荣辱与共。

寄托在一篇家训中的如此深意，能得偿所愿吗？

同进退来共荣辱

四十七岁那一年，苏洵带着两个二十岁出头的儿子进京赶考。

这一次他有绝对的把握，让苏轼与苏辙考上。

因为当时主管科举的官员，乃是厌恶文字游戏，崇尚朴实无华、专注于讨论成败得失之“古文”的欧阳修，他正想通过这次科举考试来发掘一些不同于以往的人才，掀起一场“古文运动”，来改变陈旧枯燥的文坛。

结果，早就接受过苏洵特训的苏轼与苏辙果真一考成名了。

如此看来，苏洵还真是读破了诸子百家之书，人在官场外，不仅看得透官场事，还早早便看破了这科举考试的前途命运，有了如此一番准备，也算是学以致用了。

但他所担忧的事情，也随着这次科考成功而出现了。

因为苏轼与苏辙同时考中，成绩还十分优异，加上当时欧阳修锐意推陈出新，惹得那些惯于搞文字游戏的考生极度不满，至于那些朝中有人的考生，更是搓火。一时间非议从四面八方传来，逼得欧阳修不得不将苏轼、苏辙的文章拿出来公示于天下，让大家看看到底是哪家的好。

谁喜欢看枯燥乏味的应试之作？

结果是苏轼、苏辙名声更盛，连带着苏洵的文章也出了名，一时间“三苏”名扬天下，成为引领新一代文风的旗手。

苏洵，绝不想当什么旗手，更不想自己的儿子去当。

大大出乎自己预料的事情，让苏洵手足无措，不知如何应对。

尤其是苏轼，作文时随心所欲地发明创造一些典故出来，我行我素、张扬突兀的风格跃然纸上，很有些李太白的风范，虽然欧阳修对此极为欣赏，但在某些人眼中，这却是离经叛道的悖逆之举。

看来父亲当年家训中的描述完全正确。

苏辙倒是让他放心，作文沉稳扎实，在给朝廷官员的上书中更是语气谦恭，丝毫没有一考成名的欣喜与骄傲。

就在苏洵觉得不妙时，家中传来噩耗，夫人程氏去世，按照当时的规矩，苏轼、苏辙都要回去守孝三年。

“趁机”脱身。

三年之后，“三苏”再度来京。苏洵未经考试，就被朝廷大臣推荐去做了一个小文官，也算是对他那解不开的死结有了一个交代，就以此结束仕途吧。

苏轼与苏辙的仕途，却刚刚开始。

因为两人文章出众，皇帝窃喜道：“吾今又为吾子孙得太平宰相两人”，看来苏轼与苏辙注定将有一番大展拳脚的作为。

事实却是拳脚还未展开，就被别人拳脚相加打了好几顿。

他们遇上了党争。

当时北宋王朝立国近百年，暮气渐起，政治、经济、军事等方面都出现了程度不同的危机，为了救命，便有许多人认为要进行改革，其中便首推王安石。

王安石在皇帝支持下，推行全面改革，其中不乏大刀阔斧的改革，堪称激烈，引起不少保守派的反对。

这种意见分歧，又因为官场利益纠葛、权力争斗等因素而逐渐演变为拉帮结派的党争，有了所谓的新党与旧党。

苏轼与苏辙是哪个党？

哪个党也不是。

他们既不全盘否定变法，也不全盘肯定变法，而是按照自己的观点，对其进行评判。王安石对其意见，即便是反对意见也很重视，毕竟这是闻名天下的苏氏兄弟，见解总是那样独到。

当时苏洵已离世多年，他当初的担心终究化为了现实。在北宋官场的这场风波中，两个儿子，不管是扶手苏轼，还是车印苏辙，都没能幸免。

不过受灾程度不同。

苏辙被贬之后，不再妄议朝政，而是谨慎低调地做着自己的新工作，在地方上结交了不少朋友，一直未再出什么乱子让那些暗中“关注”他的人有机可乘。

反观苏轼，首先是他的被贬就大不同于苏辙。苏辙是被王安石主动贬，苏轼却是主动要求王安石来贬，大有一种赌气的姿态。加上他平时好卖弄才学，经常作一些尖酸刻薄之文，用来挖苦讽刺其他官员，早就树敌甚多。在被贬到地方上后，又是老毛病不改，时常作一些抒发牢骚、讽刺朝政的诗文，落到那些小人手中，便成了绝好的黑材料，一旦发起打击，就要苏轼的命！

当时苏轼刚刚调到江浙湖州为官，还不知已经上了黑名单，即将被拿下。还是自己那平时沉默寡言却深沉有大略的弟弟苏辙，事先从朝中朋友那儿得知此凶讯，抢先派人去报信。在苏轼后来被捕入狱后，他又主动请求要共同承担，愿意免去自己的一切官职，为兄长赎罪。

结果是皇帝爱才，虽然一群小人要将苏轼置于死地，但他舍不得杀苏轼，最终将其再次外贬，苏辙也“如愿以偿”，一同被贬。

在兄弟二人双双被贬出京后，天各一方的他们，便以诗文传递的方式排解心中的忧愁，从而留下大量关于兄弟互助之情的传世名句，如“与君世世为兄弟，更结来世未了因”“自信老兄怜弱弟，岂关天下无良朋” “扶我则兄，诲我则师”……

后来随着形势变化，苏轼、苏辙又得以再度

重返朝堂，但朝中的党争却比以前更加激烈。虽然苏轼此时性情有所收敛，但最终还是换来了一个在党争中失败，外贬到海南岛的结局。

在当时这是被视为仅次于满门抄斩的重罚。

兄弟再度遭遇重挫之时，仕途比较平坦的苏辙再度起来相护。他曾连续上书四次，要求陪同苏轼外贬他乡，却并未被准许。直到后来，因为新皇亲政，风向变化，一向低调谨慎的他却要逆风而上，极力反对一些政治决策，才终于“得偿所愿”，被贬到了广东雷州，与他那位多灾多难的兄长隔海相望。

兄弟二人在同赴“流放地”的路上相遇，年近六十的他们到此时此刻，一定对十多岁时父亲所作的那篇《名二子说》有了至深体会。纵然际遇如此惨淡，却能始终兄弟相伴，人生又有何遗憾？也足以告慰那九泉之下的父亲了。

这却是兄弟二人最后一次见面，不久苏轼病逝。

死前他因为不能见到苏辙最后一面而深感遗憾，并留下遗言，要苏辙把他安葬在嵩山之下，并为他亲作墓志铭。

苏辙后来一手操办其丧事，为其兄选好墓地，作了一篇情真意切的《东坡先生墓志铭》。他承担起了抚养苏轼子孙的责任，并将两家上百口人聚居一处。须知当时苏辙遭到蔡京等奸佞打击，处于晚年再度被贬的窘况中，经济收入锐减之下，养活自己一家几十口人已是极为不易，他本人也是年近七十高龄的老人，其所承担压力之巨大可想而知。

不过两家老小在这位长者至深的兄弟亲人情怀感染、熏陶之下，也形成了一种父慈子孝、兄友弟恭的优良家风，互相扶持，和睦相处，虽然日子清苦，却始终过得温暖祥和。

在苏轼去世大约十一年后，苏辙随他而去，死后按照他的遗言，被安葬于苏轼身边。后人又在兄弟二人间为他们的父亲苏洵立衣冠冢，“三苏”就此团聚于另一个世界。

对于苏轼、苏辙的兄弟情义，史有公论：辙与兄进退出处，无不相同。患难之中，友爱弥笃，无少怨尤，近古罕见。

05

方孝孺：严以修身养贞节

> “凡善怕者，必身有所正，言有所规，行有所止，偶有逾矩，亦不出大格。”

这段话的作者乃是明代学者方孝孺，也就是历史上那个因被诛灭十族而大名鼎鼎的人物。其大意是人在世间，必然要心中有所畏惧，如此方能控制自己的言行，即便偶尔犯错误，也不会闯下大祸，反之，那些“天不怕地不怕”的人，就很可能什么坏事都敢做了。

简言之，两个字——畏惧。

其实这句话并不是他专为教导子孙而立的家训，他有单独的家训著作传世。但根据其父辈的人生经历，以及他和他的十族所经历的残酷灾难，或许这句话中的“畏惧”二字更适合用来代表他的家风精神。

当然，对于这个方孝孺，后世争议太多，有不少人甚至认为他不过是一个封建思想的牺牲品，一个愚忠的书呆子。

果真如此？绝非如此！

且看在这“畏惧”二字下，这个家族的壮烈之事。

独畏天地与良心

方孝孺，江浙人氏。

其家族在南宋末年就已是书香世家，到了元代更是以治学闻名。他的父亲方克勤，生活在元末明初，幼年即有神童之号。只是他遇上了动荡乱世，四方暴动不断，元朝统治岌岌可危，一身才学无处用。还是到了朱元璋横扫天下，建立明朝后，这位才子方有了用武之地。但他对于这个新生的大明王朝似乎并不太感兴趣，短暂做过一个县级学官后便辞职归乡。后来朝廷多次前来征召，方克勤都以母亲年迈而一再拒绝。

这大约与朱元璋在元末农民战争中，曾对劲敌张士诚盘踞的江浙地区大肆破坏有些关系，又或是方克勤认为这个行事独断酷烈的皇帝并非他所想效力的明君。

但朝廷催逼不断，逼到没有退路的份儿上，方克勤只有极不情愿地进京去当面“请长假”，不料却被强迫弄去考试。

就这样，他还考了个第二名。

而他的第一个明朝官职，竟然是正四品的知府，相当于市长级别。如此厚遇，实在罕见。须知按照当时的人事制度，即便是高中状元郎，也只不过会被恩赐一个从六品级别的修撰，足可见朝廷对他的重视程度了。

上任前，朱元璋亲赐冠带。

很显然，方克勤被寄予了厚望。

他也不负所望。

他所要履职的地方，乃是在元末战乱中被严重破坏的济宁府，大体位于今山东巨野县一带。当时此地正在闹饥荒，又有军队提供后勤物资的负担，可谓极其棘手。偏偏那军队将领还要求老百姓不仅要自费运输，还要走陆路，不得行水路，以免浸湿了物资。由此可见当时朱元璋的军队，并非个个都如徐达一军那样秋毫无犯，无视民生者多矣。

却也无一个地方官吏出来发表一下不同意见。

不敢。

只有方克勤敢。

他并没有征求军队方面的意思，便独自决定让济宁府的老百姓用水路运输。当时北方已经入冬，附近州县走陆路的运输队冻死冻伤许多人马，唯独方克勤这一支走水路的轻便安全，也并没有损失什么物资。

那骄横的军队将领虽然心中不满，也找不到发作的由头。

而方克勤身上那股对强权毫无畏惧的气质也由此表露出来。

又有济宁府的地方驻军，自己懒惰不愿修补城墙，拿着刀枪强迫老百姓去干这活。而当时正值春夏农忙时节，老百姓不种地，都去给你修补城墙，荒废了庄稼，到了年底吃什么？到时上面收税的一下来，又交什么？

大多数地方官吏，还是不敢站出来。

还是只有方克勤敢。

他知道自己虽然名为济宁知府，一方父母官，却管不了这些骄兵悍将，便写材料上告。告到中央，受理的部门竟然惧怕牵连，压下不管。后来还是方克勤独自上告到了丞相胡惟庸那儿，方才引起重视，调查之后严令济宁驻军停止此举。

这就是方克勤。

一个看起来无所畏惧的人，连朱元璋打天下的人马都敢得罪，他还怕什么？

事实上，他却又有所畏惧，而且畏惧的还不止一星半点。

曾有私交不错的下属，遇上西瓜丰收，便从中选了两个个大皮薄的，托方克勤的仆人送到他面前，结果方克勤大怒，将那仆人一顿痛打，然后让其原物归还。

受贿。

他怕蒙上如此污名，很怕，怕到连两个西瓜都不敢收。

他更怕在他治理下的百姓，在这战乱与太平交替的岁月中，没能挺过去而沦为流民。故而一到任上，他便以极大的精力来发展农业，扩大耕地面积，让百姓尽可能都安居下来。

本来这也是朱元璋的国策。

大明王朝的天下是用刀枪剑戟打下来的，但能维持多久，还是要看农民活不活得下去，朱元璋原本不也是一个几乎被饿死的穷苦农民吗？

问题是这种与民休息的国策，一出京城就开始变味，到了地方上，已经变得面目全非。许多地方官员，为了所谓的“政绩”以及个人的私利，大肆加征赋税，连朱元璋明令的新垦田地三年不得征收赋税也敢于打破，弄得百姓苦不堪言。

在战争中遭受过极大破坏的济宁府，情况尤其严重。

一时间流民大增。

待到方克勤到来，重申此乃国策不可违，并对那些腐败的地方官员予以重处，方才逐步挽回民心。

三年之内，济宁府的户数便翻了一番，从饥荒化为富足。在山东地区的官员考核中，方克勤也是连年第一。

至于个人生活作风方面，方克勤也是奉行简朴，布衣素食，修养也颇高。在官场上，也是宽厚待人，当然，对方若是贪官污吏那就另当别论了。

方克勤可谓古代一位典型的清官廉吏。

只可惜他遇上的并非真正的明君。

朱元璋治天下，令人称道之处甚多，但令人惋惜乃至令人恐惧之处也不少。比如他在对待官员队伍的问题上，便倾向于走极端，而且是表面化的极端。穷苦出身让他容不得贪污腐败，事实上大明朝的官员较多腐败，于是他也就不问青红皂白，一个劲地抓、一个劲地杀，稍微有个风吹草动，也不问问虚实真假，便要将那官员打倒在地。

曾被他寄予厚望的方克勤也难逃这种瞎打、乱打。

而起因竟然只是他的一个下属，因为贪污未能得逞，便诬告这个廉洁上司贪污，贪污的内容则是私自取用了一点官仓中的柴火。

如此低劣的诬告，连一般人都会觉得毫无可信度，却在朱元璋那里奏了效，其中缘由值得深思。

朱元璋刚刚钦赐了御宴给方克勤，以示鼓励，但这并不影响这位帝王听了几句关于柴火的风言风语后，便在大怒之下将他立即定罪外贬。

对于这些贪官污吏、宵小之徒，方克勤从不畏惧。

他更不会畏惧来自朱元璋的打击，即便这位性情酷烈却头脑混沌的帝王会要他的命。

我之为政，始终是以百姓福祉为第一，我之为人，始终是以无愧天地良心为标准，如此何惧？

只惧百姓，只惧天地，只惧良心。

结果是这个无所畏惧又有所畏惧的大明清

官，外贬后不久又被曾经的下属诬告，卷入另一起腐败案件中，牵连至死。

其子，方孝孺，时年十九，以还有些柔弱的双手托扶着父亲的棺木，千里迢迢返回故乡安葬。

他托扶的又何止一具棺木？

那是父亲留下的一身浩然正气！即便蒙冤而死，也减损不得半点！

十族血泪留忠名

朱元璋时常醒悟，也时常后悔，后悔冤杀了某某。

比如对于方克勤，他没多久便知道那是自己的一个错误。这位帝王也有令人称道的一面，那就是会承认错误，至于改正与否，就不要做太多期待了。

其实就连承认错误都是那样的漫长，让帝王说对不起，很难。

故而在六年后，当以才学闻名的方孝孺被推荐到他这个“杀父仇人”面前时，他虽然并未坦承自己当年的罪过，但却对这个“罪臣之后”大加赞赏，还鼓励其要继续努力，自己将来要加以重用。而到了十多年后，再次召见方孝孺时，朱元璋方才表示，你父亲无罪，是被奸臣所害。

明明是你杀的嘛。

方孝孺并未计较，他不敢计较，也不会计较。

这位在学问上还要超过其父的人物，在当时是被视为朱熹再世的存在，儒家正统观念牢不可破，岂会有仇恨君主的心思？

耐人寻味的是朱元璋一面大赞其才华，一面又不对其予以重用，只是安排其到偏远地区去当个小小的县级学官了事。

大约是方孝孺的学问缺乏他所需要的治国治军之才，自己夸赞几句，不过是做做崇尚文化的样子而已。

不料朱元璋死后，接替他的建文帝，却对方孝孺一类的学者十分欣赏，乃至引入决策核心，做了他的左膀右臂。

须知当时大明王朝内部十分不稳定，建文帝

的那些叔叔们，都是当初朱元璋分封的诸侯王，个个兵强马壮，并不把这位侄儿皇帝放在眼中，蠢蠢欲动，一如当年西汉“七国之乱”前的局面。而以西汉当时的名臣如晁错之能，都很难对付这些诸侯，何况方孝孺等只知一些儒家大道理的书生？

这是他悲剧的开始。

在随后而起的叛乱中，分封于北方的燕王朱棣成了最强的叛乱者，而建文帝在方孝孺等一干学者的辅佐下，屡屡失策，以数十万大军征讨区区数万叛军，败多胜少，打到后来，竟然让那朱棣有胆率领一支孤军，以猛虎掏心的战术，直接杀到了当时的明朝首都南京城外。

建文帝想逃。

方孝孺想守。

死守南京，以待四方援军汇聚，再配合固守于朱棣后方的部队，对这支孤军深入的叛军进行反包围。

其实这倒算是置之死地而后生的一招。

朱棣毕竟是孤军深入，如果建文帝能死守住

南京城，时间一长，断了叛军的后路，那么胜败谁家就很难说了。

问题是人心已乱，无人想守，要么投降，要么逃走，连建文帝都在一把大火后失去了踪影。

方孝孺成了孤独的人。

只有他守。

传承自父亲的那一身浩然正气，终于到了爆发的时刻。

在杀入南京城之前，朱棣的军师姚广孝便嘱咐不得杀了方孝孺，因为此人乃是“天下读书人的种子”。

朱棣便将其恭敬请来，想借他的笔来起草自己的继位诏书。

若是换了其他一些“识时务”的人物，当是立马妙笔生花，稍微高级点的，则还要故作不卑不亢，大哭几声，引得朱棣一番安慰说明解释后，方才惺惺作态，下了台阶。

不过，方克勤的子孙方孝孺，不太可能如此。

许多人怕朱棣，也有许多人不怕，方孝孺便

不怕。

他所畏惧之事，并非那些人所畏惧的强权、杀戮等，而是畏惧于气节——读书人的气节。

这种气节表现在他父亲身上，便是为民敢怒敢言敢为，因此冤死也不惜。

而表现在他身上，就是面对一个篡位成功的野心家，面对他那浓烈的杀戮气息时，能勇敢地说“不”！

这个“不”的代价，是他自己被处以酷刑之前，目睹自己的十族——八百多人，几乎所有的亲朋好友、学生弟子，在他面前一个个被杀掉。

后世那些对他持否定看法的人，认为这都是书呆子病害的，为了自己的青史留名而连累了许多无辜，乃一个罪大恶极的杀人凶手。

他们不懂。因为他们不知道何为气节，更不知何为读书人的气节。

畏惧于天地、正义、公理、历史、良心……

却绝不会畏惧于强权、暴力、杀戮、邪恶……

这便是读书人的气节，也是方克勤留给方孝孺的家训，更是父子二人和他们那些罹难的“十族”，用鲜血与生命留给这个民族的家训。

06

杨继盛：人当立志为君子

“人须要立志。初时立志为君子，后来多有变为小人的。若初时不先立了个定志，则中无定向，便无所不为，便为天下之小人，众人皆贱恶。我希望你们发愤，立志要做个君子，即使不做官，人人也都敬重你们。故我要你们第一先立起志气来。”

这段话出自明代杨继盛留给两个儿子的遗嘱，言辞亲切毫无玄虚字眼。大意就是要儿子们将“立志做君子”当作人生第一信条，为此要坚定志气，切不可随波逐流，以致最后变成一个人人厌恶的小人。

事实上，在遗嘱中如此教导儿子们的杨继盛，确是一位刚直忠烈之人。虽然他在世上的时间还不到四十年，却因为敢于同权臣奸佞抗争而青史留名，其无比壮烈的过程也让他被后世尊奉为明代第一谏臣。

对于“做君子”这个理念，他至死不渝，并将其化为家训，载于遗嘱，传给子孙。

而这样一个被许多人都念得变味的道理，又为何被他如此看重？

君子之心难磨去

按照流传至今的一些家谱所载，杨继盛的先祖，正是北宋时期开创了“东林书院”的那位杨时，或许冥冥之中早就传承下了一股英气，让这个子孙在大明逐步没入黑暗时化为一道惊天的闪电。

在化为闪电之前，杨继盛还要经历许多艰难困苦，开始的时间，甚至在他出生之前。

他所在的一脉，定居于今河北保定一带，当时属于直隶地区，也就是京师直辖。虽然号称天子脚下，但杨家在当地并非什么名门望族，族人多以务农为生。倒是这一族的农民与其他农民有个较大的区别，那就是他们的文化程度颇高，莫非是保持了杨时的家学传统？

令人费解的是，杨继盛的父亲文化不低，尤其善于对对联，在人格上却很有问题。其名为杨富，也确实有点富，娶了小妾，买了大宅，在农民中可谓显赫发达，然后就开始有些道德败坏了。

本来杨富在妻子怀上杨继盛时，曾算命算得这是一个会给杨家带来荣耀的不凡之子，甚为欣喜，却不料他所宠爱的小妾心生忌恨，竟然意图谋害还未降临人世的他。杨富对此则是睁一只眼闭一只眼，只管哄住这个歹毒的小妾。

到了杨继盛五岁时，这个昏了头的父亲竟然在小妾的鼓动下，将他连同姐姐和母亲一同驱走，赶到了舅舅家去。然后，那小妾的毒舌又伸到舅舅家，让他们再度被赶走。三人只得依靠当初父亲拿出的小块土地、几间草屋艰苦生活，小小年纪的杨继盛根本没有读书启蒙的可能，而是要早早地干起农活，他才五六岁啊！

其状之凄凉让乡邻都看不下去。

结果到了他七岁时，母亲就积劳成疾，丢下他与姐姐而去。

惧怕官府来找麻烦的父亲，这才将杨继盛与姐姐接回家。然而家中早有小妾所生的兄长存在，怎么可能给他好脸色看？随后的日子中，杨继盛过得极其痛苦，其自言“狼狈孤苦良为至极”。

名义上算是回家了，但这个家从来没打算让他吃白饭，不让他去读书，却让他去放牛。结果在放牛回家的路上，被私塾读书声所引，他成了一个专注的旁听生。后来鼓起勇气要父亲送他去受学，这个恶父大约突然想起了当初的算命之事，居然出人意料地同意了。

从此其人生得以改变。

虽然他的求学之路根本就是支离破碎、断断续续，因为隔三岔五地就会有那个继母、兄长前来干扰，让他回去放牛务农，但他还是得以在那些记载了先贤关于做人处事道理的典籍上，渐渐找到了自己的坐标。

做君子。

唯有自幼便经历如此多的磨难，而且是来自家人之磨难的杨继盛，方能体会“做一个君子”的意义所在。

只不过这种学习的进度与状态，必然不利于杨继盛去通过当时的科举考试，故屡屡名落孙山。

直到后来遇上了名臣徐阶。

徐阶对杨继盛文章之间透出的君子浩然之气甚为赞叹，将其收为门生。杨继盛终于得以风雨之后见彩虹，在三十二岁时正式踏入仕途。

此后，刚刚参加工作的他，便因为表现出色得到朝廷的肯定，评语中着重强调他在修养上已经超过许多前辈，深得儒家君子之义，并从地方上调入中央，到兵部任职。

新的磨难也随着这个升迁降临了。

当时蒙古残余势力屡屡进犯，已经老迈昏庸的嘉靖皇帝不知如何是好，便请他所信赖的大将军仇鸾出主意。这个名字听起来很是威猛的仇鸾，却出了一个开边通商的主意，来达到讨好敌人、换取和平的企图。对于这等丧权辱国的懦弱之举，杨继盛当即上书进行猛烈批驳，也不顾他当时仅仅是一个五品小官，而那仇鸾却是位列一品大员之列。结果在仇鸾一番运作之下，杨继盛竟然因言获罪，被贬到西北边疆一带去了。

一年之后，仇鸾在与另一大奸臣严嵩的争斗中失势，严嵩则想起了当初第一个站出来攻击对头的杨继盛。虽然人家的出发点根本就与严嵩这弄权奸佞完全不同，但严嵩还是一厢情愿地要将其收入帐下，调回中央，且短时间内连升四次。

换了当时官场上许多趋炎附势的小人，恐怕早就跪着到严嵩面前谢恩去了。

君子则肯定不会。

君子的反应是什么呢？是公事公办，尽管你严嵩提拔了我，但我是大明的臣子，只对大明负责，故而对弄权的奸臣，有义不容辞的批驳弹劾之责。

于是，杨继盛的“回报”就是立即上书，要嘉靖皇帝从昏沉中觉醒过来，收拾严嵩等一干弄权奸臣，并细列其“五奸十大罪”。

而在这样一道惊世骇俗的上书之前，他曾斋戒三日，似乎早有了为之一死的决心。

嘉靖皇帝和严嵩都没有让他“失望”。

很快他就在黑手搅弄之下，被安上图谋不轨的罪名，打入死牢，受尽酷刑。

他并非孤独的君子。

以严嵩当时一手遮天的势力，要谋害杨继盛，似乎是易如反掌的事情，结果过了三年，严嵩都没能得逞。

许多心有君子之义的官吏，千方百计保护这位刚直的杨继盛。有人在处刑时故意“放水”，有人送来止痛药膏，有人将他换到单独牢房、去除枷锁，有人阻止严嵩党羽谋害的意图，其中甚至还有太监！尤其值得一提的是，有一位名叫王遴的同事，在其遭难之时，不仅没有撇清关系，反而主动与其结为亲家，惹得严嵩大怒，又罗织罪名将他也打入死牢。

这就是一个君子激发出来的君子之风，那股潜藏在许多人心中的正义力量是这个民族的灵魂所系。

但愈是如此，严嵩愈是要除之而后快。他那些党羽都是绝对的小人，更是视这样一位君子如眼中钉，认为这样一个身在牢中却赢得天下重望的人，一旦将来皇帝觉醒，再度起用，那么他们岂有活路？

有官员得知，立即私下告知杨继盛。

他自知这一次恐怕是到了诀别之时，便坦然写下遗嘱，交于家人，尤其是训诫子孙勿忘“立志做君子”。又写下一首绝命诗，其中有“浩气还太虚，丹心照千古”一句，慷慨同于当年文天祥所作“人生自古谁无死，留取丹心照汗青”。两人相隔数百年，一为内贼所害，一为外敌所杀，却是如此神意想通，只因他们都是无畏的君子。

君子之义传天下

奸佞小人必不得长久。

杨继盛罹难后不到七年，严嵩的权势便在嘉靖皇帝的一道圣旨中灰飞烟灭。

数年之后，新登基的隆庆皇帝又为杨继盛平反昭雪，并在其故乡立下宗祠，以为纪念。他的家训精神也随着朝廷的宣传而为天下人所知。

但大明王朝的黑暗并未就此结束。

许多刚直的君子，会继续沿着杨继盛走过的路，去做出一番壮烈的抗争。其中引人注目的是，有不少这样的人物，都是出自杨氏。即便他们并非杨继盛的直系子孙，却并不影响他们以鲜血与生命去实践“立志做君子”的信念。

事实上，在杨继盛尚未遇难之前，便有名为杨最的官员，对于嘉靖皇帝喜好炼丹修道、荒废朝政、偏信奸佞等误国之处提出严厉抨击，而当时已有数名刚直官员因此获罪，许多人都是噤若寒蝉、不敢乱说话，杨最却偏要去“逆龙鳞”，希望能以自己的死谏斥醒这个号为天子的人。

结果杨最被震怒的嘉靖皇帝下旨处以廷杖，因为年老体衰被活活打死。

当时杨继盛尚未步入仕途，但正在京城求学的他，想必对此事应该有所闻，内心必然对这个杨氏前辈有极大的崇敬吧。

而在杨继盛之后，高攀龙所处的那个时代，面对越来越腐朽的大明王朝，也有名为杨涟的刚直君子毅然站出来猛然大喝。

在杨继盛平反昭雪后四年出生的他，对于这位杨家的烈士不会陌生，当时杨继盛之名传遍东西南北，深入人心。杨涟虽系湖北杨氏族人，与河北保定杨氏隔得老远，却并不妨碍他在冥冥之中感染杨继盛的君子之气，立下坚定的志向。

他后来更是成为东林党人之一员，疾恶如仇，致力于匡扶朝政。由于在皇位继承争夺战中挫败奸佞阴谋，拥立明熹宗有功，得到信任和重用。他也与许多东林党人一样，满心期待这位被他们拥立起来的皇帝，会与此前的昏君截然不同，在他们的全力辅佐之下，能远小人、勤政事、清国风，挽救摇摇欲坠的大明王朝。

可那明熹宗却是一登上皇位，就快速地蜕变为亲小人、惰政事、乱国风的没落皇帝。

魏忠贤一派趁机崛起。

对此，杨涟一如当年前辈杨继盛对抗严嵩那样，决定采取死谏的方式，提醒明熹宗悬崖勒马。

他在上书中列出魏忠贤二十四条大罪，请求明熹宗立即将此人连同他的党羽处以国法，还天下以清白。

不料魏忠贤却以自己的手段，串通了明熹宗身边的太监，一番颠倒黑白之后，竟然说得皇帝认为这是杨涟在搞鬼，在欺负好人魏忠贤！

杨涟的死谏倒没有像杨继盛那样真的换来一死，而是被明熹宗责骂了一番，大约是看在当初拥立自己的分儿上，这次给了他面子。

杨涟却并不“领情”。

他不是为了私人恩怨，而是为国家大计，哪怕是皇帝的面子，他也不能软下去。

君子，当如此。

遗憾的是，魏忠贤的势力远胜于当年的严嵩，而此时的小人也有许多。杨涟先是被贬为庶民，后来又卷入东林党人与熊廷弼的事情中，被诬以受贿，打入死牢，大用酷刑。

杨涟则是继续在狱中写文，揭露魏忠贤的种种劣迹，引得此贼仇杀之心愈烈，最后以残酷手段将其杀害。

在杨涟死后，惧怕还会留下什么揭露自己罪状之证据的魏忠贤，下令搜遍牢房。有一个狱卒便搜到杨涟所藏的绝命血书一封，他原本想立即转交上去，给自己换取些荣华富贵，不料在偷偷看完这封血书之后，却被字里行间的那股浩然正气所震撼，转而决定以生命为赌注将其密藏下来，待到将来公示于天下。

这个狱卒不姓杨，但他在转瞬之间，就在那股杨氏正气下实现了人格的巨变——立志做君子。

杨继盛的家训精神，在他死后，超越了他的一家之门，超越了他的一家之姓，在黑暗的年代中持续闪耀。

因为那是一种至真至诚的人生道理，谁说的、谁来说、谁来听，都不重要，重要的是，能不能在磨难、考验降临之际，将君子蕴含的力量，猛然爆发出来，给邪恶以狠狠的痛击。

君子不死，长存天下人心中。

07

高攀龙：好人何须怕吃亏

“吾人立身天地间，只思量作得一个人是第一义，余事都没要紧。做人的道理不必多，只看小学便是，依此作去，岂有差夫？从古聪明、睿智、圣贤、豪杰，只于此见得透，下手早，所以其人千古不可磨灭，闻此言不信便是，凡愚所宜猛省。作好人，眼前觉得不便宜，总算来个大便宜。作不好人，眼前觉得便宜，总算来个大不便宜。千古以来，成败昭然，如此迷人，尚不觉悟，真是可哀，吾为子孙发此真切诚恳之语，不可草草看过。”

这段话出自明代高攀龙的《高子遗书·家训

篇》。文字浅显易懂，就是告诫子孙要以做好人为最重要的道理，其他事情都要以此为准，哪怕为此吃亏受苦也不能有所改变，因为做好人才能捡到“大便宜”。

字面意思虽然简单，但字面意思之下的故事，就不那么简单了，而是充满了腥风血雨、生死抗争……

越难越要做好人

高攀龙出生于公元 1562 年，距离朱元璋开创大明王朝已近两百年，明朝的衰败迹象已经浓重起来。那在位已经四十多年的嘉靖皇帝此时正沉迷于炼丹修道求长生，朝政荒废，权臣迭起，民变不断，又有倭寇、蒙古鞑靼部的外患。

他遇上了一个衰世。

衰世之中也有繁荣之地，当时大明王朝的繁荣之地首推江南，这里经济极其发达，贡献了天下赋税的一大半，富商家庭比比皆是。高攀龙便位列富商榜上。

按照“富二代”留在历史上的传统印象，

有钱的高攀龙十有八九要变成一个纨绔子弟，或者靠家里的钱去弄个官来当当。但事实上，他之为官，却是全凭真才实学。不仅是他，当时江南的富商家庭中，出了许多才学出众之士，看来他们的家风家训应该是大大有别于现在的不少富商。而这些家庭背景类似的人一旦进入官场，会有一种天然的趋同性，成为一股不可小视的力量。

在二十七岁时，高攀龙参加科举，中了进士。在这场考试中，他得到名为赵南星的主考官赏识，此人疾恶如仇，是当时朝廷中刚直大臣的代表。

人以类聚，会得到这样一个人物赏识，也可窥见高家的家风，必然也是崇尚刚直。

此时，明朝中兴之臣张居正早已过世，现任的万历皇帝学他的爷爷嘉靖皇帝，荒废朝政，结果是群臣再度陷入内斗局面。高攀龙也卷入其中。

这一次的内斗，已从当年嘉靖皇帝时期的权臣开打，发展到了集团作战，官僚队伍中山头林立，以地域、出身、利益、师生等关系结成许多帮派，沉迷于互相打击，本来就已在走下坡路的大明王朝的元气因此流失得更加迅速。

江南富商的子弟们，也在这场内斗中聚集起来，逐渐形成了一个名叫“东林党”的集团。高攀龙即是领袖之一。

虽然东林党的成员多有财又有才，但他们的主要政治主张，都是从匡济时弊、去除败政出发，特别看不惯当时祸国殃民的宦官势力，号为当时官僚集团中的一股清流。高攀龙更是始终保持着一身正气，坚持做一个刚直的好人，无论是在京为官，还是被贬到地方上，都以不屈服的态度对待自己的政治人生。

但遗憾的是，并非人人都能如此。

作为一股政治势力，主要由富商兼知识分子构成的东林党，虽然主体的倾向算得上“清流”，但有不少人却怀揣了一颗自私的心，越到后期越是如此，与其他帮派争斗越激烈越是如此。此外，这些知识分子显然因为家境殷实的原因，对社会缺乏一个全面透彻的了解，眼高手低之下，他们的许多建议实际上都是纸上谈兵，或者完全脱离现实。一旦让他们上台执政，要么就是施行一些“好心办坏事”的政策，要么就是在自命清高的心态下忙着打击异己，结果就是越打越乱，打到最后，自己也遭殃了。

如卷入其中的高攀龙，便因为这种剧烈的内斗而多次被贬，后来索性回到故乡，在东林党人的大本营——“东林书院”中修学讲学。刚直的他，实际上并不安于这种生活，开始借用这种方式，针砭时事，抨击朝政。这股风气很快就蔓延开来，结果便是引起了许多人的仇恨。

不久，万历皇帝离世，明熹宗上台，因为拥立有功，东林党人受到重用，高攀龙也得以重返朝堂。

但好景不长。

在新一轮的帮派争斗中，崛起的宦官魏忠贤一派显然更得明熹宗的心，东林党人发起的打击被加倍奉还。更加倒霉的是，当时辽东战局失利，主要负责人熊廷弼与东林党人过从密切，魏忠贤一派趁机发起疯狂的打击，炮制所谓的“东林点将录”等名单，企图将这些人一网打尽。

身为东林党人的核心人物之一，赵南星很快被打倒，与赵南星关系密切的高攀龙也“在劫难逃”。

在“东林点将录”上排名第五的他，很快就被明熹宗下旨要严查，一些急着献媚给魏忠贤的官僚便开始大肆捏造高攀龙的罪状。

当时，除了赵南星外，榜上有名的东林党人都被打倒，乃至被杀戮，已经六十余岁的高攀龙，则只是被罢为庶民，似乎还算幸运。

又怎么可能幸运？很快便有一个名为崔呈秀的败类冒了出来。

此人曾因为贪污腐败而被高攀龙弹劾革职，后来投奔魏忠贤，求其收为养子，从此死心塌地地卖起命来，被世人蔑称为“阉党五虎”之一，还是位列其中之首。这样一个坏人，成为魏忠贤的爪牙之后，自然是处心积虑地要去公报私仇。结果在他的炮制之下，高攀龙被套上了一个贪污的罪名。高攀龙出身富商家庭，家境殷实，还需要贪污？何况他为官清廉，反而是一直在弹劾那些贪官污吏。但在当时的情形下，如此低级的诬告也会成为天子旨意，高攀龙，危矣！

死将至，他却坦然自若。

当那些鹰犬爪牙已在路上时，他的举动是穿好庄重的衣服，前去祭拜东林书院的创始人——宋代学者杨时之墓。

当时这个东林党人的根据地已在魏忠贤谋划下被强行拆毁，仅保留了杨时的祠堂。参拜之时，高攀龙的心中定然是剧烈起伏不已，但他未有丝毫的表露，返回家中后，同家人和门生在花园中谈笑如常，在平静得有些异样的状态下，留下遗书，遣散子孙，然后独自一人，沉于花园的池塘中。

一年后，明朝末代皇帝崇祯登基，致力于打击魏忠贤党羽，不久便为高攀龙在内的许多东林党人平反昭雪。

十八年后，李自成起义军攻破北京城，明朝灭亡。

高攀龙的家训，连同他的许多著作，却并未随着这个王朝的终结而终结，而是被他的子孙编纂为《高子遗书》，多达十余卷，传于后世。

后世子孙又当有如何的表现？

高氏家学传至今

在晚明的黑暗之中从容赴死的高攀龙，留给子孙的家训有二十多条，内容涵盖修身、治家、处世等方面，但其核心还是在于本文开篇引用的那一段，这也是其家训的开篇语。“做一个好人”，听来很是平常，却因为高攀龙特殊的经历而变得意义非常。

人生的道理从来都很简单，难的是如何做到，无论时代如何变迁，“做一个好人”都并非口头说说念念就能做到的事情，对于高攀龙的子孙来说，这更是需要身体力行去维护的一种家风，一种信仰。

在高攀龙的子孙中，有一个名叫高世泰的侄子，自幼深受这个叔父之熏陶，在学问方面颇有建树。在叔父以死殉节之后，他并未采取“划清界限求自保”的做法，而是毅然挑起整理叔父著作的担子，不惧怕会因此惹祸上身。幸而崇祯皇帝很快登基，失去靠山的魏忠贤一派即将灭亡，没有机会来迫害这个无畏的高氏子孙。

在整理叔父著作的过程中，高世泰必然会接触到叔父留下的家训，对“做一个好人”当有许多感触。在明朝最后的岁月中，他只当了短短几年官，知道这个腐朽的王朝不可救药，便退而隐居，重回当年东林党人的圣地东林书院残迹，搭了几间草房，修学讲学，只不过已经少了当年那些学者的激昂愤懑，而是专注于纯粹的学问之道。

因为东林党人曾经批判的那个王朝已经覆灭了，现在是新兴的清王朝统治着天下。

对于高世泰一类的闻名学者，清王朝摆出了一副诚恳的延揽态度，希望能将这些精英分子快速吸收到统治机构中。

而高世泰的态度则是决不出仕。

虽然曾经的故国王朝黑暗至极，腐朽透顶，但个人终有不可丢弃的气节存在，那也是高攀龙所言“做一个好人”最起码的要求。

与之相反的是，许多当年慷慨激昂的东林党

人，则在江山变换之时，立马就改换立场，一头扎到清朝统治者怀中，气节全灭。如东林党曾经的领袖级人物钱谦益，在清军逼近南京时，无胆自杀殉国，反而出来领头投降。对于清朝的“剃发令”，连江南百姓都知道以命相抗，他作为一个当初正义得不得了的士大夫，却先给自己弄上了一根辫子。虽然他的效忠态度换来了在清朝当一个礼部侍郎的待遇，却始终受到猜疑，又有企图联合明朝残余势力的举动，结果在后来乾隆皇帝的钦点下，成了史书中“贰臣”的代表。什么是“贰臣”？就是不忠不孝、背叛故国的奸佞。

耐人寻味的是，对于主动投降过来的软骨头如此态度，对于高氏家族以及东林书院，清王朝却有格外的宽容态度，甚至主动站出来修复此地，将其再度恢复为一个学术中心。尤其是一代明君康熙帝继位之后，先后三次发动地方官府和富商的力量，大规模重建书院。而在重建过程中，高世泰之子高菖生与高芷生正是主要的发起者，遵从父亲遗志并未出来当清朝官吏的他们，依旧选择了传承家学的道路。

当时清朝统治已经稳固，高菖生与高芷生大可不必继续固守于气节，他们之所以如此，可能是认为自己的才学不足以出来为官做事，那么就应该埋首治学，免得误国误民，这也是实践“做一个好人”的一种方式吧。

他们的同辈高愈，在高攀龙著作的熏陶下长大，早就立下了要传承这份家学的志向。因为才学超卓，竟然得到了免试进入当时最高学府国子监的机会。但他并未眷恋高官厚禄，依旧以埋首治学为己任。在高攀龙“做一个好人”理念的指引下，他在并不太长的为官生涯中，一直保持着清廉作风，此后也是以清贫为乐，并教导子孙：“读书人要安于贫苦，将追求的目标放到大义之事上。”而他的个人修养极高，特别是在知识分子群聚的当地，以学问闻名的他，却几乎不与别人争辩，从来都是心平气和，以至于那些犯了“文人相轻病”的患者，一到他的面前，都尽皆惭愧而还。

高攀龙的遗训“做一个好人”，本来就不是

要求子孙非要在官场上去“做一个好人”，在太平盛世中，有高愈这般安贫乐道，泰然安详，致力于家学的子孙，泉下有知，当大为欣慰了。

当然，像高愈这般出众，自然会引起清朝的重视。你不愿为官，那么就去主持东林书院一类的学术圣地，好为我所用。

高愈拒绝。

对于这个当时许多读书人都羡慕的机会，他淡然处之。

后来，又有江苏巡抚张伯行这样的地方大员前来郑重相请。这个张伯行是当时有名的清官廉吏，颇得康熙重用。同时他也是一位有名的学者，算是高愈的同道中人。高愈却再次拒绝。

他就这样平静地坚守着自己对“做一个好人”的理解，保持着对功名利禄的距离，在学问的道路上远行。其最终以七十八岁的高龄辞世，死后经其发扬光大的高氏家学，一直流传到了今天。

求学之道

08

孔子：家师同道文脉传

“陈亢问于伯鱼曰：‘子亦有异闻乎?’对曰：‘未也。尝独立，鲤趋而过庭，曰：“学诗乎?”对曰：“未也。”“不学诗，无以言。”鲤退而学诗。他日又独立，鲤趋而过庭，曰：“学礼乎?”对曰：“未也。”“不学礼，无以立。”鲤退而学礼。闻斯二者。’陈亢退而喜曰：‘问一得三，闻诗、闻礼，又闻君子之远其子也。’”

这段对话出自《论语》。大意为孔子有一个学生，名为陈亢，某日问孔子的儿子孔鲤：你爸爸有没有什么秘学传给你？孔鲤回答没有啊，所学都是和你们一样，诗书礼，还是父亲站在庭院中沉思，我碰巧过去时被叫住，随机问到的。

这个陈亢闻之很是欣喜。

他喜在何处？《论语》记载称有三喜：顿悟学诗的意义，顿悟学礼的意义，更重要的是，他知道了孔子并没有特殊对待自己的儿子，对其要求如同其他学生，一视同仁。

这既是孔子的师风，也是他的家风。

而孔子站在庭院中训子的方式，也成为后来家教文化中的一个专业术语：庭训。

圣贤家风如师风

孔子的先祖是否好学不得而知，但可以确定的是一定很博学，是当时的高级知识分子，同时还是高级贵族。

其先祖源自殷商遗族，也就是被周武王灭掉的商纣王之后裔，具体人物大约可以精确到一个名叫微子启的人身上。他是与比干等人齐名的殷商贤臣，纣王的兄弟，很是博学，传说著有一部政治学书籍《洪范》，还是围棋的发明者。

在西周兴起的过程中，微子启表现较为顺从，未被周公消灭，而是分封为诸侯，麾下有一些殷商遗民跟随，这也就是春秋时代的宋国。

故而后来有人称孔子为圣人之后，也就是这个微子启的后代。

再到后来，孔子祖上出了一个名为正考父的人物，出身于显赫贵族，博学多才，文武双全，还有很好的德行与声望，是宋国的顶梁柱，地位仅次于国君。但他的处世为人却极为低调，生活十分俭朴，起居饮食以能糊口度日为标准，说话语气温和，从不动怒。

特别是他三次被委以重任，大权在握，按常理，当有一番官运亨通的喜悦常常挂在脸上，但他却颇为惶恐，而且是一次比一次惶恐。

为了训诫子孙，正考父还将这些事情刻在家中的鼎上，那也是他家中唯一的厨具。大约孔子的家风传承就可以从这位正考父算起了，鼎上的话也算是最早的孔门家训："一命而偻，再命而伛，三命而俯。循墙而走，亦莫余敢侮。饘于是，鬻于是，以糊余口。"——大意便是面对一帆风顺、步步高升的仕途，他的态度却是越来越谨慎，第一次遇上升官时低下了头，第二次弓起了背，第三次则弯下了腰，走路都要靠着墙边。至于衣食住行上，则是一如既往的清贫，只要有那一具鼎能煮点稀饭吃便足够了。

当时已步入春秋时代，诸侯大都开始不守规矩，各种腐败堕落现象丛生，弄权的贵族大臣比比皆是，如此更显得正考父之高洁了。

这不，到了正考父的下一代孔父嘉时，世道就更加混乱了，弑父弑君的事情层出不穷。但孔父嘉自幼秉承父训，颇有父风，从未有什么奢靡腐化之举，也没有那个念头。

你不想，有人想。

当时宋国有另一大贵族，名为华督，觊觎大权，还好色成性，偏偏孔父嘉的夫人颇有姿色，于是祸事就来了。

在一场武装政变中，宋国国君、孔父嘉被华督杀了。

孔父嘉的后代远逃鲁国。

流落异乡，原本高贵的身份不再存在，一切

都只有靠孔氏子孙从头再来。

但他们从未丢掉家族传统，代代子孙都继承家学，是文武双全、德行高洁的人才，到了孔子的父亲叔梁纥时，终于在异国他乡闯出一番天地来。

父亲官至大夫。

不幸的是，父亲去世得早，去世时，孔子才三岁左右。在他十七岁时，母亲又去世了。

毕竟是流落异乡，一旦家中主力亡故，好不容易取得的社会地位便荡然无存，小小年纪的孔子必须肩负起谋生的重担。

故而他是贫苦出身，自称“吾少也贱，故多能鄙事”，也就是年少时因为穷，为了谋生，做过许多社会底层的苦活累活。

如此情况下，还能一心向学、好学，以至于成了当时的学术大师，极大可能是受了那孔门家风感染，才能于逆境中奋发向上，并成为当时屈指可数的顶级学者之一。

大约也就是在学习的过程中，孔子逐渐得知自己这一家的渊源，深感传承之重任，故而开始兴办私学，收徒讲学，开始了他的大家之路。

受制于时代环境，孔子之学说，并未大显于当世，也没得到几个国君的礼遇，反而是一生颠沛流离，除了短时间做过大官外，大部分时间都在流浪、饿肚子。但愈是如此，他对于学问之道愈是推崇，也将其作为孔门家风的一部分，要他的弟子、子孙都以此为追求，万不可在不学无术的混沌中虚度了人生。

故而也就有了开篇他对自己儿子孔鲤那一番庭训的故事。

需要指出的是，孔子所言诗书礼，并非后世理解的几本书，而是包括当时各种知识的基础学科。千万不要认为孔子是整天在那儿讲仁义道德，人家从来不会将“仁”挂在嘴边，不信可去仔细读一下《论语》，大都是启发式的问答语录，能用于家教的内容到处都是，从这个意义来讲，《论语》完全可以当作一本家教读物。

最为难能可贵之处在于，孔子是一个无私的人，他并未对自己的儿子有特别的看待，既不会纵容他，也不会给他开“小灶”，学什么、怎么学，和其他弟子都是一个标准。

众生平等。

弟子如儿子、儿子如弟子，他对弟子的教导，何尝不是在进行家教呢？他的言行、他的思想，又何尝不是家风家训呢？

后世奉其为圣人，并非全是统治者别有用心、要施行所谓的愚民政治之结果，孔子自有他的超人之处。

那他的子孙能保住这一脉家风吗？

舍生取义抗强权

开篇家训的主角孔鲤，并未有什么“超人”表现。

他一生跟随孔子，照顾其饮食起居，极为孝顺，流落多地，大约是身体较差，先孔子而亡，未有什么显著的学术或者政治表现。

但自他之后，孔门的人才就多了起来，可见孔子好学之家风，得到了发扬光大。

孔伋，孔子之孙，得到孔子高徒曾子的真传，是儒家学说史上的重要人物，孟子就是他的学生。传说《中庸》就是他所写就，将孔子思想进一步发展深化，在传统的四书五经中属于高等读物，也是历代文人、政治家都必须详加研究的宝典。

孔伋之后的孔门子孙，也尽都是文武双全，只不过他们遇上了更加混乱的战国时代，虽然也有人做过高官，但大多是怀才不遇，隐居于世。

转眼，秦始皇横扫六国，一统天下。

此时的孔子后裔中，有名为孔鲋的人物，极为好学，是当世闻名的顶级学者。只不过对于秦始皇的政治路线，他并不赞同，也无意出山。

他无意出山，却有意让孔子的学说传承下去，将好学的家风发展下去。他让弟子叔孙通去秦始皇殿前为官，大约为的是多一个传学的种子，世事难料，万一哪天这位皇帝大发雷霆，要将不听话的学者都杀个干净，好歹还能留个“备份”。

果然秦始皇某日大发雷霆。

因为一些学者政见不同于秦始皇，另一位得势的臣子李斯便趁机建议要统一思想，除了打击这些学者外，还要将民间所藏的各家书籍都烧毁，只留一些存放于国家图书馆的版本，免得这些“邪书”留在世上混淆视听，散播不利于秦朝统治的观点。

孔门的书自然是打击的重点。

消息传来，身为孔子子孙、当世学者，孔鲋当如何行事？孔子训诫子孙好学，连书都没有了，后世子孙还怎么学？

必须传下去！

孔鲋冒着灭门灭族的危险，急忙将许多儒家典籍藏到孔子故居的墙壁夹层中，留待后世子孙去打开。藏书之后，孔鲋自知不能继续公然存在于秦始皇的天下，便隐居山中，继续收徒讲学，同时暗中观察时势，等待自己出山的一天。

孔子所传，从来都不是什么假仁假义，而是许多中国人至今都应当深思的道理。且看那得了先祖真传、好学重德的孔鲋，就已有了舍生取义、推翻这个暴虐王朝的念头，待到陈胜、吴广登高一呼，他就毅然领着弟子下山，前往参加。

仅仅是这一举动，便足以羞煞后世那些虚伪

的书生文人了。

可叹陈胜起义最初是声势浩大，但后来由于诸多失误，终被秦军击败。孔鲋却并未立即转身逃走，躲入山中。

孔子当初训诫儿子孔鲤向学，并非是为了学而学，而是要通过学习懂得许多道理。早就领悟了这一点的孔鲋，知道此时溜走就不再是遁世隐居，而是苟且偷生了。

结果他随义军战死，实现了儒家所言的杀身成仁。

一个大学者，死于战场之上，古今罕有。

而在他之后，孔门也并未凋落，有如此厚重家学家风传承的家族，又怎么会凋落呢？不久，随着汉朝统治者推崇儒学，孔门便开始兴盛起来，并从此长存不衰，当初孔子庭训的精神得到发扬光大，又有许多好子孙涌现了出来。

比如三国时代，便有一位孔融。

不错，正是让梨的那一位。

他乃是孔子的第十九世孙，深得家学真传，加上天资聪颖，幼年便已颇有声名。至关重要的一点在于，他并非只知道读书的书呆子，而是切实领会了书中道理，领会了孔子的学问之道，是一个内藏热血的谦谦君子。恰逢当时的东汉王朝又处于灭亡前夕，政治十分黑暗，所谓“时穷节乃见”，儒家的大义，孔门的家风，也遇到了严酷的考验。

孔融十六岁时，有朝廷大宦官迫害的“逃犯”跑到他家中，要投奔他的兄长孔褒。孔褒当时不在家，孔融出来接待。这位“逃犯”本来与孔褒是生死之交，但却见只有一个幼稚少年在家，甚为失望，正要转身离去，孔融却从其紧张神色看出异样，表示自己完全能代替兄长待客。当时追捕的风声很紧，又早有不少正直人士被迫害，以孔融的智慧，不难猜到他这次留下的人来自何方，但他一直坦然相待，对于可能降临的祸事毫无畏惧。

不久便有小人前去举报，但许多正直官吏都出面保护，那位“逃犯”得以提前脱身。孔融和他兄长就脱不了身了，居然敢包庇大宦官的仇家，这个罪在暗无天日的当时可不小。问题是到底谁是主谋呢？

某些人面临掉脑袋的危险时，恐怕会争着将祸事推到对方身上，但孔融和他兄长却争着往自己身上揽。乃至后来问到他们的母亲那里，母亲也称这是自己的主意。一家老小都争着去死，搞得那些判案的官吏不知如何是好，最后只有交给朝廷处理。在宦官的压力之下，朝廷将孔融的兄长处死。

若孔融当时将那“逃犯”拒之门外，当然会平安无事，但他的兄长一定会将这位背弃了家风、不知儒家大义的弟弟逐出家门，权当他已经死了。孔融心中也一定充满了悔恨，并非悔恨他当初接纳“逃犯”，而是悔恨自己力争代替兄长去死，却未能得偿所愿。

此后声名大振的孔融，受到许多人的推崇，在东汉末年的战乱中，成了一个另类的人物。他表面放荡不羁，内心却是一直忠诚于大汉王朝，即便是面对曹操，也毫无畏惧。尤其是汉朝末代皇帝被曹操挟持到手中之后，身为汉朝大臣的孔融，与这位枭雄的冲突更加频繁。曹操虽然恼恨在心，却一直难以将孔融除掉，因为那是一个十多岁时就名震天下的孔子后裔，谁敢杀他，谁就会得罪天下的人，失去天下的人心。他曹操能指挥千军万马、冲锋于战场之上，杀人无数，屡屡犯险，却深深畏惧那样一个完全没有什么战斗力的儒士，以至于只能长期忍受来自这个儒士的嘲讽攻击，这种力量，不就是孔子庭训精神的传承所致吗？

最终这个敢于对抗强权的孔融还是死了，死于曹操精心安排的阴谋之下，罪名则是“招合徒众”“欲图不轨”“谤讪朝廷”“不遵朝仪”等。屠刀还伸向了他的家人，显然枭雄畏惧的不只是孔融一个人，而是这一家所具有的精神力量。

但孔门不会就此而亡。

孔子的庭训精神，更不会亡。那精神融入了儒家文化之中，早已演变为中华民族灵魂的一部分，时至今日，仍在发挥巨大的影响力。

09

刘邦：草莽向学家风良

"吾遭乱世，当秦禁学，自喜，谓读书无益。洎践阼以来，时方省书，乃使人知作者之意，追思昔所行，多不是。尧舜不以天子与子而与他人，此非为不惜天下，但子不中立耳。人有好牛马尚惜，况天下耶？吾以尔是元子，早有立意。群臣咸称汝友四皓，吾所不能致，而为汝来，为可任大事也。今定汝为嗣。吾生不学书，但读书问字而遂知耳。以此故不大工，然亦足自辞解。今视汝书，犹不如吾。汝可勤学习。每上疏，宜自书，勿使人也。汝见萧、曹、张、陈诸公侯，吾同时人，倍年于汝者，皆拜，并语于汝诸弟。吾得疾遂困，以如意母子相累，其余诸儿皆自足立，哀此儿犹小也。"

这段话乃是西汉开国皇帝刘邦所作的《手敕太子文》，写作时间是临终之前，故而也算是他对太子的遗训。在这篇并不算长的遗训中，刘邦所告诫的事情，并非军国大事，而是强调一件看来很平凡的事情——学习。

一提到刘邦，许多人便冒出一个流氓地痞无赖的形象，觉得这是一个反智反文化的帝王，怎么这样一个文盲帝王还重视起学习来了，甚至将其当作临终遗训？

草莽英雄勤学习

刘邦既不是官宦世家出身，也不是来自富贵之家，而是出自一个中等偏下的农民家庭。当时社会比较落后，读书识字是很少一部分权贵才能接触到的事情，以刘邦的家庭背景，变成一个文盲很是自然，没文化那么家教也不会好到哪儿去，文盲也就变成了混混，这也是后世种种无赖皇帝故事的源头。

在历史上，刘邦却是自幼便接受过文化教育，史称他与一个同年同月同日生的好友卢绾，曾于幼年时一同去某位隐士那儿读书。这种私学教育在当时可是相当罕见，可能那隐士是某位落魄的战国贵族，恰好隐居在刘邦故乡，而刘邦的父亲又颇具眼光，知道识文断字可以改变一个人的命运，花再多的钱也愿意。

不过按照《手敕太子文》中“吾遭乱世，当秦禁学，自喜，谓读书无益”一句，可知刘邦当初并没有理解父亲的一片苦心，对于学习全无兴趣，碰上秦始皇搞“焚书坑儒”，实行文化专制，禁绝私学，他的老师大为悲痛，他倒是有解脱的感觉，还从此认为读书无用。

从此他就真的有些混混样子了。

可见好学家风的习得是何其不易，刘邦的父亲虽是普通农民，却有养子向学的意愿，无奈儿子不听话，很可能只识得几个大字便罢了。

无独有偶，后来刘邦的宿命对手项羽，幼年的状态也是不怎么向学，并认为读书读到能认出别人的名字便够了，让他那文武双全的伯父项梁好生郁闷。

直到后来秦朝末年战乱，成为群雄之一的刘

邦，身处凶险残酷的政治军事斗争中，才逐渐意识到不读书的文盲根本就不可能有什么大的作为，在这个乱世中，还有可能因此丢掉性命。

故而，他才会在《手敕太子文》中坦陈自己在称皇帝后，才领悟到书中大有智慧，自己以前在蔑视文化的岁月里，不知做了多少错事，懊悔不已。

这些事情之中，最为有名的，便是朝儒生文士的帽子中撒尿之举。史称在还没有称皇帝前，势力并不怎么样的刘邦，对儒生文士很是蔑视乃至仇视，自认为提着手中三尺长剑就足以平定天下，常年养成的混混习性发展到了极致。结果就是他一碰到这类人，便仗着武力上前羞辱欺凌，乃至将其帽子拽下来，做出往其中撒尿的荒唐之事。

当然，很可能是后世添油加醋地贬低他，但也能反映出刘邦曾经与学习二字确有相当远的距离，否则，他也不会对萧何去追赶才智超群的韩信感到惊奇了。

其实在称皇帝以前，他应该就已经开始学习补课了，对文化的态度也有了相当大的转变。须知当时楚汉相争，项羽麾下多猛将，刘邦麾下则多谋士，许多学富五车、口若悬河的儒生文士都前去投靠后者而不找前者，就因为后者自身文化功底可能比较差，但态度比较好。比如当时顶级的谋士张良，本身是战国贵族之后，血统高贵，又得隐士真传，学识才智都堪称天下一流，他为什么要投靠你刘邦？不管是大势所趋，还是识主有方，若刘邦还是一副朝帽子里撒尿的德性，恐怕张良是不会来的吧。

很可能正是张良等人看出这个文盲皇帝悟性颇高，决心甚大，一旦向学，潜力惊人，属于可以打造成材的典型苗子，所以才愿意在乱世中以身家性命作赌注，前来投靠。

从刘邦广泛采纳儒生文士的献计献策，也可以看出他在态度转变之后对于文化的重视。即便他偶尔还是会冒出蔑视之语，却屡屡在遭到儒生文士的反驳后，要么哑然失笑，要么立即改口，这是他的“可爱”之处，也是他向学之后的必然行为。

基础基本为零，当上皇帝后才开始学习，那

么刘邦的学习成果怎么样呢？

很不错。

从《手敕太子文》便可以看出，这位混混出身的皇帝，一旦向学，写出来的文章并不比当时一些名人的文章差。他为天下之尊，自然不需要费尽心思去学一些无用的垃圾，大可以将注意力集中在自己所需的营养上，如此读书，写出来的文章也很有分量。一篇《手敕太子文》，不抄袭前人古言，而是有感而发，以自己的经历说话，平实而又感染力十足，当为家训典范。

再看看其所留诗作之一的《大风歌》：大风起兮云飞扬，威加海内兮归故乡，安得猛士兮守四方！激昂雄浑，虽然只有短短三句，却将一个帝王对于战乱之后天下稍稍安定的悲凉感叹表现得极其深刻，至今读来也是韵味长存。

这是文盲作得出来的吗？

刘邦的父亲也终于可以安心了，虽然儿子做了皇帝后还时常拿当年的事情开玩笑，但总归是有了好学之德。

这种德行，比刘家的人当了皇帝还要重要。

子孙好学家风良

《手敕太子文》的告诫对象，乃是太子刘盈。说实话，这个儿子的资质并不怎么样，他对于学习的态度也很一般，以至于刘邦要在遗训中责备道："今视汝书，犹不如吾。汝可勤学习。每上疏，宜自书，勿使人也。"我文化不怎么高，字写得也差，岂料你写得比我还差！你还很懒，经常让别人帮你代劳写一些公文，不像话！

文的不行，那么你就来武的吧，刘邦当年虽然文化差点，但却时常冲锋陷阵，勇猛异常。偏偏这个刘太子身体柔弱，对武艺一类的事情也是一窍不通。文的不行，武的也不行，还不好学，如此还怎么当一国之君？故而刘邦在《手敕太子文》中担忧在他死后，这位太子的权力宝座能坐多久。

因为他那强横的母亲吕后，刘太子的宝座也确实没坐多久，这位本身能力也比较平庸的帝王，忧郁成疾，二十三岁便早早去世了。

刘太子之后，吕后又立过两个皇帝，但非大

汉正统。正统意义上的第三位皇帝，乃是刘邦的第四个儿子刘恒。

他就是大名鼎鼎的汉文帝。

由于母亲身份比较卑贱，汉文帝出生后并没有得到父亲多少宠爱，但他得到了父亲在学问上的督促，这也算是刘家刚刚建立起来的好学家风开始传承了。

在刘邦的督促下，汉文帝自幼便接受了相当深入的启蒙教育，对于各家学说都有所了解，后来外放为诸侯王的成长经历，让他对这些知识进行了充分实践，锻炼出了一定水平，一旦登上宝座，自然就能根据天下形势施行仁政，他能成为明君，不是只靠书本知识而来，却也离不开书本。

汉文帝对发扬光大这股好学家风也很有贡献。

皇帝也是人，皇帝的家教也需要老师，只不过汉朝初创，这种制度尚未确立。汉文帝刚刚继位，就认识到搞好家庭教育的重要性，广求人才，由此扩大了博士队伍。此职不同于今天的大学学位，乃是古代帝王的老师和顾问。这些博士之中，即有一位不到二十岁就以才学被发掘出来的贾谊。留下千古名文《过秦论》的他，是汉文帝最看重的家庭教师。不仅自己虚心求教，还将其指派为爱子刘揖的老师，这可是汉文帝心目中的第一接班人人选。而汉文帝宠爱这个儿子的缘故也是在于其好学，史称“好《诗》《书》，帝爱之，异于他子”，不幸的是其早早身亡，否则很有可能接班了。

汉文帝之后，是另一明君汉景帝。此君不仅自己好学，而且将文教事业从皇室家庭推广到了天下，不仅皇室子孙个个都要好好学习、天天向上，天下的官吏也都有义务让管辖区内的子民尽可能接受教化，汉朝文化由此大兴，各地都开始开办官方学堂，民间也有大量专攻学问的读书人出现，因为可以靠所学知识做官了。

对于自己的儿子，尤其是将接班的儿子，汉景帝更是强调学习，力度不亚于刘邦对刘盈。当时刘家好学家风已成，子孙大多都是知书达理之辈，不过天赋出众者还是少见，毕竟读死书没有太大用处，那也不是刘邦当初劝学的目的。

比如汉景帝有一个儿子，名为刘德，以好学而论，怕是天下数一数二。因为他已经好学到连衣服都要穿得和儒生文士一样，又酷爱搜罗古书，反正他也有钱，到了后来，所藏古书之多，到了史称差不多等于朝廷所有古书种类的程度。此人是当时读书人的偶像，但却非当皇帝的材料，因为他并无将书中所言道理拿来治国理政的本事，至多算是藏书家吧。

刘家家风最需要的是实干型的读书人才，故而汉景帝的儿子刘彘才脱颖而出。这位后来以汉武帝之名震古烁今的帝王，之所以得宠并成为太子，就在于幼年有神童之像，还极其好学，史称七岁时就已经将宫中藏书看了个遍，并能一字不差地复述出来，让汉景帝大为惊诧，进而将其改名为刘彻，意为智慧通达透彻。

神童继位之后，更是文治武功大有建树，以他的聪慧和好学，自然是将刘邦开创的好学家风又大大向前推进。刘德因为好学而成藏书家，汉武帝更是大藏书家，史无前例地下令征集书籍，将汉朝的国家图书馆馆藏扩充到三万多册，在两千多年前的古代，这是一个惊人的数字。在学术上他也很倾心，虽然推崇儒学，但并没有如后世所言那样“罢黜百家”，反而大量起用了许多其他学派的学者。他还创立了古代的中央大学——太学，并将汉景帝建立的官学系统进一步强化。

这些功绩，不亚于击破匈奴。

此后的西汉皇帝，也是一如既往地好学，屡屡有以帝王身份亲自参与学术活动的事迹。至于刘家的学者，也是越来越多，比如著名学者刘向，就是刘家子孙。

这股好学家风，到了东汉，也未断绝。

东汉开国皇帝刘秀，本身就曾是一个太学生，算是古代帝王中的高级知识分子，若不是时局混乱，只怕他会以一个博士或者帝王老师的身份终老。刘秀好学，他身边聚集起来的人才也多是好学之辈，这就与当初刘邦打天下时的草莽英雄阵容大不相同了。

虽然因为多方面因素，东汉政局相当长一段时间内都比较混乱，皇帝也换得比较快，但那不意味着刘家好学家风就因此传不下去了。皇帝不行，还有许许多多刘家的兄弟子孙呢。即便刘家人不再是皇帝了，刘家人也依然是学者高士辈出。比如东汉末年群雄之一的刘表，就是以学识闻名天下。到汉朝灭亡之后，刘家不再是皇室家族，四散迁徙，好学家风也随之流传开来，各地刘姓历代都是文杰辈出。

以好学家风而论，历代皇室家族中，大约只有宋朝赵氏能与之相提并论，但考虑到起点的水平问题，则汉朝刘氏显得更加出众。

毕竟，这是一个“文盲”开创的好学家风。

10

韩愈：书中自有成才路

“木之就规矩，在梓匠轮舆。人之能为人，由腹有诗书。诗书勤乃有，不勤腹空虚。欲知学之力，贤愚同一初。由其不能学，所入遂异闾。两家各生子，提孩巧相如。少长聚嬉戏，不殊同队鱼。年至十二三，头角稍相疏。二十渐乖张，清沟映污渠。三十骨骼成，乃一龙一猪。飞黄腾踏去，不能顾蟾蜍。一为马前卒，鞭背生虫蛆。一为公与相，潭潭府中居。问之何因尔，学与不学欤。金璧虽重宝，费用难贮储。学问藏之身，身在则有余。君子与小人，不系父母且。不见公与相，起身自犁鉏。不见三公后，寒饥出无驴。文章岂不贵，经训乃菑畬。潢潦无根源，朝满夕已除。人不通古今，马牛而襟裾。行身陷不义，况望多名誉。时秋积雨霁，新凉入郊墟。灯火稍可亲，简编可卷舒。岂不旦夕念，为尔惜居诸。恩义有相夺，作诗劝踌躇。”

这段颇长的文字乃是唐代文豪韩愈所作一首家教诗，名为《符读书城南》，符也就是其长子韩昶的小名。诗文从木材能够成为对人们有用的器具入手，详细阐述人之成才，全在于后天努力学习，并以两个生来天赋差不多、学习环境却差得天远的人为例子，进一步告诫儿子，富贵功名都在书中，为了出人头地，过上好日子，成为“公与相”，必须好好学习。

对于韩愈这番家教思想，历来争议极大，许多人认为他的功利思想太重，竟然以功名利禄来“激励”儿子，而不是用一些“修身齐家治国平天下”的儒家大道理。

他错了？且看看他自己的家教如何，再说他子孙后代的事情，最后来试着判断下是非对错吧。

寒门学子入仕途

韩愈出身于官宦世家，传说先祖是西汉开国功臣韩王信（并非韩信），历史相当悠久，但到了他父亲韩仲卿一代，家势就开始衰落了。

这位父亲官至六品级别的秘书郎，为官清廉，在韩愈三岁时就匆匆离世而去，没有留下多少家财，但留下了一股好学的家风。原本韩家历代先祖，都是以打打杀杀的武将居多，并没有多少文化方面的传承。韩仲卿却是一个例外，曾编纂曹植文集十卷，加上他所任秘书郎也是时常与图书打交道的工作，故而文化素养较高。其长子韩会在他影响下，早早便有所熏陶，成年后更是与几位当世杰出学者并立，有才名于天下，并因此得到官员推荐，踏上了仕途。

可以说在物质生活上家势衰落之时，韩家却逐渐兴起了一股精神文化上的家风。

虽然韩愈三岁丧父，失去了一位优良的人生导师，但这股新兴的家风却并未与他擦肩而过。

俗话说长兄如父，这位韩会在父亲去世之后，便承担起了抚养弟弟韩愈之责任。从年龄上来看，韩会也确实堪称父辈了。韩愈三岁，他已经四十多岁！若史书记载无误，那么这可能是历史上年龄悬殊最大的兄弟。在这位学识出众的年长大哥照顾下，韩愈的启蒙学习并未延误。虽然大哥当时卷入朝廷政治斗争，被贬官南方蛮荒之地，但还是有能力给韩愈创造一个不太差的学习环境。

韩愈也颇有自知之明，他深知，像他这样的孤儿，若不发愤图强，好好读书，争取考一个功名，那么一旦大哥去世，失去庇护，就必然会陷入生活的深渊，难有出头之日，更不要说振兴韩家了。故而他学习极为刻苦，七岁开始读四书五经，十三岁就能作文。不过以当时的水平来看，其实这也算不得什么神童，因为在那个文化发达的唐朝，四五岁就能作文的人太多了，以韩愈的资质，用他的《符读书城南》作为标准，只能算一根很一般的木材，要堪大用，还需要加倍努力。

不幸的是，就在他十三岁时，大哥也去

世了。

从此在长嫂的照顾下，这个已被视作自己儿子一样的韩愈，以更加刻苦的态度，继续他的学业。其间因为躲避叛乱的缘故，长嫂带着他东奔西逃，日子过得十分艰难，韩愈的学业也继续得十分艰苦，但韩家好学之家风，终究在他的坚持下有了发扬光大的可能。

像他这样的境遇，自然是不大可能如一些生活安定的人，有心情将读书视作探求大道理的渠道，而是拼了命地苦学，当作摆脱苦难命运的唯一可能，这一点，与那些走出山村的大学生是一个道理，又有何可责难之处？要责难，就应该责难那个时代的当权者，不能致天下以太平，要让这孤儿寡嫂颠沛流离于战火中，不得安宁。

十九岁时，急于追求功名的韩愈开始了赴京赶考的征程。上面提到，唐代文化发达，神童极多，连带着也拉高了应试水平，结果韩愈考了许多年，二十五岁才考上，还没有官做。按照唐代的人事选拔制度，考上科举，只是取得一个做官的起码资格，要真正做官，还要经过人事部门的复试，史称为“铨选”。韩愈多次参加复试，都没有考过，长期以一个落榜生的身份游荡，加上长嫂去世，生活一度很窘迫。

这样的经历，进一步催发了他对于功名利禄的渴求，准确地说，是盼望着谋求到一个官职，有一份稳定收入来养家糊口，毕竟读书做官是当时几乎唯一的社会阶层流动形式。于是，在继续纠缠于考试的同时，他又千方百计地作一些自荐文章，送给达官贵人，乞求能得到一个推荐的机会。

当时能作文章的人太多了，韩愈如何脱颖而出呢？没有钱去打通关节，那就只有靠别具一格的文章了。在此诱因下，韩愈开始形成有别于当时主流的文风，尤其针对华而不实、只知道打哈哈、粉饰太平的流行诗文，主张要敢讲话、讲真话，发人所未敢发、言人所未敢言，逐渐便有了一些名声。

这条路却走得极为艰辛，差不多走了十年，韩愈才被人赏识，推荐做了一个九品芝麻官。总算踏入仕途了。

之后虽然又有些曲折，但韩愈凭借自己越来越响亮的文名，逐渐在大唐官场上占有了一席之地。

他深知，自己能有今天，绝非只是全靠别人提拔赏识，更多地在于自己的坚持，坚持学习，积累起了相当的功底，然后坚持将其用于追求官位，才最终有了回报。故而他很注重以此亲身体会来教导子孙，除了《符读书城南》外，他还作有一首《示儿》诗，也是通篇强调自己如何靠苦学，从一个穷小子翻身，到今天的朝廷重臣。

今天一谈到学而优则仕，便有许多人露出鄙夷的目光，谈到韩愈此类以功利诱儿子读书的做法，更是不屑，这纯属一种偏见。古代读书人不做官的话，难道去开公司？韩愈的追求，正当而合理。他以此来教导子孙，也并无不当之处，他又不是叫儿子去当一个贪官污吏，只是让儿子好好读书，按照当时正常的渠道去做一个官员，用文化来换取俸禄。以拯救人类的伟大理想来激发儿子，当然很好，但对于大多数家庭来说，显然缺乏操作性，不如学学韩愈教子，正视这个社会，并让孩子用正当的方法去追求。在自身有了一定基础，不会拖累社会、家人之后，再去做一些有益社会的事，恐怕可能性更高一点。

教子重实不虚华

如此教子，那么韩愈的子孙后代又学得如何呢？

其子韩昶，也就是《符读书城南》与《示儿》这两首家教诗的训诫对象，读书刻苦，虽然天资一般，但也在三十岁前考上科举，比他父亲还早几年踏上仕途，此后一路攀升，最终做到了四品别驾。一生为官并无污名，也没有什么显赫之举，算是中规中矩的一个儿子，也算是实践了韩愈的家教之意。

比较出色的另一个子孙，则是传说色彩浓重的韩湘。此人乃是韩愈的侄孙。韩愈幼年时与其父韩老成一同成长于大哥家，感情极深，后来长期分离，自己发达之后，正想再度团聚，却惊闻韩老成病亡。悲痛之际，韩愈便在一篇名为《祭十二郎文》的文章中，发誓要将韩老成的儿子韩湘教导成才，从此韩湘就和韩昶同在韩愈的教导下成长，自然也就接受了韩愈以读书求功名的理念。

韩湘贯彻得尤其深入。

与天资并不怎么样的韩昶不同，他算得上是少年神童，甚至还要强过当年的韩愈不少，故而韩愈也是极为重视，倾力教导。但其科举之路并不顺利，三十岁才考上，史称其在考试路上屡败屡战，他本人即便在考上之后，也是前途难测的忐忑心情，但他在韩愈的家教精神指引下，始终不放弃，最终靠才学和真本事，做到了大理寺丞。此官看似品级不高，却握有刑事实权，由于要判案子，对任职者的才智也要求颇高，狄仁杰即曾长期担任此职，可见韩湘有几斤几两了。

有意思的是，传说八仙之一的韩湘子，就是以这个韩湘为原型，并有不少故事是关于他和韩愈之间关于学什么的争论。

如韩湘子不听韩愈的教导，专心于修道炼丹，让韩愈很生气，韩湘子却认真地告诉韩愈，他也在学习，只不过学的不是韩愈学的那些知识，结果引得韩愈大怒。

又比如韩愈某次生日宴会上，云游四方多年的“不肖子孙”韩湘子飘然而至，韩愈有心激将，便要他作诗歌，心想你不听我的，不学无术，今天一定会出洋相。不料韩湘子随口吟出一首还算工整的诗歌，内容则是在反劝韩愈不要沉迷于功名利禄，赶快随他这个侄孙修道成仙、脱离苦海。

讽刺色彩最强烈的则是后来韩愈受官场争斗牵连，被贬到蛮荒之地，再度偶遇韩湘子，得到其点化之后，终于看破红尘，离开功名场，吃了几颗仙丹后，得道成仙了。

韩湘子是不是韩湘，其实根本就不重要，关键在于这些传说处处都在刁难韩愈，在质疑、攻击乃至斥骂他的家教精神。

这是对一个现实主义者的无理攻击。

现实主义不是洪水猛兽，活下去才有话语权，一个父亲对儿子的家教，本就应该充满真实，大道理人人都会说，又有几人能去一一实践？韩愈只不过是在坦白告诉儿子古代读书人的必经之路罢了，如同他的文章一样，没有华而不实，只有实。

此外，韩愈也并非只在那里教导儿子为做官而读书，其实在他的思想里，这只能算是初级阶段，是为了解决温饱问题，之后，便是要用所学，去真正做一些“治国平天下”的事情了。看一看他在传世名文《师说》中所言，“师者，所以传道授业解惑也”，若按照某些人的刻板印象，那么韩愈就应该这样写，“师者，所以教人求学做官也”。那些家教诗，都是子孙幼年时的激励材料，在他们踏入仕途之后，应该汲取的家教养料就不是这一类的文章了。韩愈若只是鼓吹为功利读书，又怎么被后人尊奉为“唐宋八大家”之首呢？

一句话，修身齐家治国平天下，前提是要活下去，还要活出一番精彩，一番能耐，方能济世救人，这也是个人之梦与国家之梦的融合之道。

11

欧阳修：宝玉不琢不成器

“玉不琢，不成器；人不学，不知义。然玉之为物，有不变之常德，虽不琢以为器，而犹不害为玉也。人之性，因物则迁，不学，则舍君子而为小人，可不念哉？”

这段话出自宋代欧阳修所作《诲学说》一文，是用于告诫其子欧阳奕努力学习的家训。其中“玉不琢，不成器；人不学，不知义”一句出自儒家典籍《礼记》，大意是阐明学习对于一个人的重要性，欧阳修则在此基础上进一步深入阐发：那玉石即便未经打磨，好歹本性还是玉石的本性，不会变烂变坏，但人呢？人要是不好好学习，那么状况就可能十分糟糕了，堕落成小人乃至坏人都有可能！

欧阳修是大文豪，也是北宋有名的政治家，在许多领域都有所建树，更令人称道的是，他还举荐提拔了许多杰出人才，“唐宋八大家”中竟然有五人都是出自其门下，号为“千古伯乐”，更随之引领开创了一场文化革新运动，让其好学重学的家风，走出一家之门，影响到了一个王朝。

这与他自幼所得到的良好家教密不可分，他也极为重视家教，《诲学说》一文，不仅是他对儿子的家训，也是自己的一番回忆。

贫寒苦学抄书忙

按照自修的族谱所言，欧阳修的先祖是威震春秋的越王勾践，其后繁衍生息，一度兴盛，传到唐朝末年，家族因为连连战乱而衰落下去。

到了宋朝，欧阳家族又逐渐有了些复兴迹象。欧阳家族本就是一个很有文化底蕴的家族，早在西汉时期，就以儒学闻名天下，传有《欧阳尚书》于世。遇上太平岁月，朝廷又重视文化事业，欧阳家好学的家风也在一点点地恢复。

具体到欧阳修的家庭，其父欧阳观虽然仕途不顺，家境也十分贫寒，却是一个“活到老，学到老”的典型，差不多五十岁时才考上进士，资质可能是差了点，这股坚持不懈的学习劲头却实在让人佩服。至于他所做之官，都是一些地方上的司法职务，繁重敏感，稍有疏忽便会害人性命。当时的糊涂懒官不少，欧阳观却极为严谨负责，时常在深夜还要翻看案卷。因为他那无私铁面之下，藏有一颗仁心，觉得如果罪不至死的案件，被他判作了死刑，那就是他的大罪过，所以必须翻来覆去，才能安心。

这样一个尊重法律、尊重生命的父亲，自然是清廉正直，同时也难以升官发财，但他却以自己的高尚人格，寻到了人海中同样高尚的伴侣——欧阳修的母亲郑氏。

郑氏来自江南名门望族，只不过这个家族在宋代也在走下坡路，连带着这位女子并没有享受过大家小姐的生活，书也读得不多，但她的身上却充满了中华妇女的传统美德，是一位伟大的母亲。

欧阳修四岁时，积劳成疾的父亲去世，并未留下豪宅或者金银。相依为命的母子，物质条件极为贫乏。在欧阳修后来的文章中，回忆称是处于“无一瓦之覆，一垄之植”的境地，也就是说连一个完好的房间都没有。

母亲却并未考虑以改嫁的方式摆脱贫困。

因为她深知，贫困不可怕，可怕的是耽误了子女、耽误了教育，使其沦为尘世中可怜的弃儿。作为母亲，她不能只考虑自己的人生，孩子的人生也就是她的人生。

父亲不在，母亲犹在。

母亲带着欧阳修投靠亲戚家，勉强维生，同时毫不放松对他的教育。好歹母亲也读过几天书，虽然文化不太高，却深知学习的重要性，千方百计创造机会，教导欧阳修，让他发愤苦学。

无钱买纸笔，那就取芦苇，在沙地上写字；无钱买书，那就凭着自己的记忆，讲述一些书中故事，同时借机启发欧阳修，学那些故事中的仁义道德，不能因为贫穷而失去志气。这都是人生磨炼，越是磨炼，越是好学，将来的成就才会更加坚实……

在尽可能对欧阳修进行启蒙教育的过程中，母亲还将其父的事例作为教材，教导欧阳修不可辱没家门，要学习父亲正直廉洁的品性。虽然对欧阳修而言，四岁时就去世的父亲，可能形象有些模糊，但在母亲教导之下，却对那远去的父亲有着由衷的敬意，被其严谨、仁厚、正直的人格所深深感染，自幼便在德行上有了标杆。在后来的回忆中，欧阳修表示他对于母亲的这番教导，是“泣而志之，不敢忘”。

中华传统教育重在德育，而非只灌输给子女一些所谓的知识。做人重在立德，不教德行又怎么谈得上是教育呢？这位竭尽所能教导欧阳修，同时又很善于利用各种素材的母亲，可谓是一位家庭教育家。

在母亲的苦心教育下，欧阳修不仅培养起了良好德行，更培养出了强烈的好学之心。天资明显超过其父的他，年纪稍大一点，便因为强烈的阅读欲望，开始去一些好心人家借书看。

书在当时属于贵重物品，富裕人家的藏书也不是很多，能借给你都是很大的面子，借了也是要马上归还的，多借几次，人家还会有意见，怎么办？那就借来抄。

由于用心极其刻苦，往往一本书还没抄完，欧阳修便已能将其全部背下。这是一种极端艰苦条件下的记忆力训练，训练得久了，欧阳修的才智进步也越来越大，小小年纪写出的文章，就有当时许多读书人二三十岁的水平，这就不是今天信息爆炸的时代下，连书都不愿意看的人所能体会的了。

也就是在这刻苦的抄书学习中，欧阳修偶然捡到一套被人家准备当作废纸处理的《韩昌黎文集》，也就是韩愈的文集。这位前代文豪的著作，遇到数百年后一个同样好学的后辈，立即产生了穿越时空的强大效应。再加上这次不用归还，可以仔细研读下去，结果如获至宝的欧阳修从书中得到了许多养分，其学问的精髓也由此萌发。

父亲“活到老，学到老”，快五十岁时终于

考上进士。儿子更为深入，在自己已经功成名就、成了北宋文坛领袖后，还时常将自己的文章拿出来修改，因为他觉得学习没有尽头，文章也永远不会到达完美，只有“活到老，学到老，改到老”，否则就会被后人耻笑了。

欧阳家族的好学家风，也算是在欧阳修的身上，得到了传承和发扬。

子孙门生多英杰

欧阳修好学，对子孙这方面的教育自然也是十分重视，他的子孙也多有文才杰出之士。

如其长子欧阳发，自幼好学，不亚于其父，后来又得拜大学者胡瑗为师，学问更加精进。难能可贵的是，他学到了父亲好学的真谛，那就是学不为官，而是为了探求世事兴衰之理，因而也就没有将兴趣放在考取功名上，一头扎进历史长河之中，从帝王将相到天文地理，都有深入的研究，极为博学。其离世之后，许多当时的名士感到痛惜，如苏轼就为之悲叹，认为这位欧阳发得到了父亲欧阳修的真传，是罕见的学者之才，匆匆离世，是人间的一大损失。

其第二个儿子欧阳棐，则是资质出众，幼年表现出来的记忆力大约与其父是一个水平。在欧阳修的精心教导下，这位神童十来岁时就写出一些具备成年学者水平的文章。某次他看见父亲所作文章《鸣蝉赋》，来了兴趣，欧阳修便启发道："你将来能写出如此水平的文章吗？"并亲自抄写一篇送给儿子，进一步激励他在学问道路上前行，这也是一份极其珍贵的家教礼物。

后来欧阳修离世，要写遗表给皇帝报告，按照古代惯例，这都是臣子死前写好，死后由家人上奏给皇帝，相当于官方遗书。但欧阳修的遗表却非他所作，而是儿子欧阳棐代笔，可见欧阳修对其文章的信赖。结果皇帝一读，觉得水平颇高，认为不愧是出自欧阳修之手！

尤其值得一提的是，欧阳家风中的刚直一面，也在这股好学精神下，传承到了子孙身上。如欧阳棐曾在地方为官，当地有一个恶霸，依仗自己在朝中有人，胡作非为，竟然要强占政府土地。欧阳棐自然不许，他的同僚与属下连忙前来

“透露天机”——这个恶霸的亲戚是谁谁谁，你惹不起，那块土地反正荒废着，不如做个人情算了，何必强出头？欧阳棐一听，愤然表示：我最痛恨的就是这类自恃有人撑腰就目无王法的恶霸，只要我在，他就休想得逞。

这个恶霸的靠山是谁呢？是当朝宰相，欧阳棐敢于为了一块国家土地得罪一个宰相，欧阳修泉下有知，当感慨这个儿子不是学成了书呆子，而是学到了书中的大义精神，学到了真正的欧阳家风。

欧阳修是北宋政坛、文坛的风云人物，在他的影响下，这股家风也走出了欧阳家门，感染了许多人。

如他在负责主持科举考试后，便特别注意提拔那些有真才实学的学生，同时将那些只知道玩弄文字技巧、拿文化当升官发财工具的伪学生驱除于门外，并进而掀起一场主张文道并重的文学革命。

当时北宋文坛盛行名为“太学体”和“西昆体”的文风，简单说就是两种早期的八股僵尸文，内容空洞，是制造书呆子和投机者的土壤。许多学子为了挤进公门做官捞钱，不惜舍弃读书人的思想与精神，投入其中。但也有许多深明大义的人，始终保持着读书人的本色，不过也因此屡屡受挫于科场。

欧阳修对此深恶痛绝已久，便大刀阔斧地进行改革，以真正的文章来作为取才标准。曾巩、苏轼、苏辙等北宋文豪都是出自他的慧眼，也得到了他的点拨启发。

几家欢喜几家愁，欧阳修的改革自然引起了许多人的忌恨，尤其是那些惯于玩弄文字技巧却胸无一策的书呆子与投机者，告状告到了皇帝那儿。但皇帝也早就厌倦了看一大堆废话、空话、套话，谁是真正的好学有才者，他明白得很。结果是皇帝不仅没有反对，反而强力支持欧阳修，平易朴实的文风，从此成为北宋主流。

特别要提及的是，对于好学之才的珍视，欧阳修是毫无私心杂念的，即便他曾担忧这些人会胜过自己的儿子，那也是偶尔的笑谈戏谑，在实际行动上，他已经将这些人视为自己学问上的子孙后代，要全力加以提携。

如当年苏轼参加考试，写下一篇精彩绝伦的文章，让考官看中，推荐给欧阳修。欧阳修看得连连惊叹，觉得其余考卷都不用看了，因为这篇文章肯定能得第一。但当时考试采用糊名法，也就是考生姓名被糊上，暂时不得知，欧阳修又担心是自己的某位学生所作，为了避嫌，便判了个第二名。复试时，又见一篇妙文，似乎也是那位学生所作，再强行拉低为第二名就说不过去了，便索性判了个第一。

谁知发榜之时，才得知作者并非欧阳修的学生，而是一个从四川来的年轻人苏轼。

欧阳修却并未失望或者恼怒，反而是因为又发现一个好学后生而感到兴奋，直言这人的文章看得我自愧不如，我要赶紧让路，把未来让给他这样的人才！

俗话说，文人相轻，此话不假，但那是针对庸俗文人、书呆子与投机者的，真正的文人、读书人，是断然不会有什么相轻不相轻的，好学的他们，只会专注于实在的学问，这是欧阳修的家风，也是中国读书人应该继承下去的精神。

12

王守仁：家风不传学风传

“近闻尔曹学业有进，有司考校，获居前列，吾闻之喜而不寐。此是家门好消息，继吾书香者，在尔辈矣。勉之勉之！吾非徒望尔辈但取青紫荣身肥家，如世俗所尚，以夸市井小儿。尔辈须以仁礼存心，以孝弟为本，以圣贤自期，务在光前裕后，斯可矣。”

这是明代王守仁即王阳明的一封家书。其大意是鼓励后代努力读书，并强调并不是要他们为功名利禄读书，而是要学会做人处事之道，以圣贤的标准要求自己，不辱家门，同时发扬光大家风。

王阳明是明代大学者，在学术史上是与孔子、孟子、朱熹并列的儒家四宗，其开创的心学具有极强的影响力，同时他也是一位用兵如神的军事家。他一生经历坎坷，成就也极为非凡，被誉为实现了立德、立功、立言的完人。

书香门第家学重

传说王阳明的先祖可以追溯到王羲之，当然真实度存疑，但根据史实考证可以确定的是，这一家是书香门第，世代都有读书的传统，而且根基相当深厚。

具体到其家族在明代的历史，第一位先祖王纲，生逢乱世，群雄并起，身怀绝学、胸有韬略的他，是传奇人物刘伯温的好友。刘伯温后来成了朱元璋的重要谋臣，大展拳脚，做出了一番大事业，他这位王兄弟却对此道完全不感兴趣，人生的大部分岁月都是隐居山野之间，远离战火、埋首读书。大约当时天下的枭雄，包括朱元璋，都非他心目中的“刘备”，故而下定决心要一生淡泊名利了。

不料后来明朝建立后，刘伯温忘不了这位好友，更舍不得他的才华，三番五次想请他出山，最后还是朱元璋下旨强行召来，无奈之下，王纲才做了朝廷的官，当时他已差不多七十岁了。

不做便不做，做了，就要尽职，这是读书人的本分。结果没多久，王纲就遇上一场叛乱，并在路上为叛军所劫持。不料这些叛军敬畏王纲的声名，竟然提出要拜其为帅。王纲怎会答应，反而苦苦相劝，最终被叛军杀害，以身殉国。

从叛军手中好不容易逃脱的儿子王彦达，苦于父亲早早殉国，家境贫寒，朝廷却又始终不给一个善后的交代，连收尸都没有理会，大约与当时朱元璋已经开始猜忌刘伯温等人有关。王彦达带着悲愤的心情，草草收殓父亲的尸体，带回故乡安葬，此后便发誓不会出来效忠这个朝廷，终生隐居乡间，读书教子，侍奉母亲，传承家学，倒也是自得其乐。他留下遗训，子孙后代不能断绝了家学传承，但不能以做官为目的，最好是不要去做这个朝廷的官。

其子王与准秉承遗训，闭门修学，深入钻研

祖上的传书，造诣非凡，名声也就随之远播了。这也是古代屡屡发生的奇事，隐居民间，没有现在的种种炒作手段，却总是会扬名天下。于是朝廷又闻风来召，王与准东躲西藏，不慎在“逃官”路上摔断了腿，使者一看，也不好强行架到皇帝面前去，便改为征召他的儿子王世杰，赐其秀才出身，命其参加来年的科举考试。

王世杰自幼跟随父亲，也是饱读诗书，才学过人，加上有朝廷青睐，要在考场上博得佳绩并非难事。不料他到考场一看，要脱光衣服搜身！原来当时为了防止科举作弊，有进考场前搜身的规定，只不过做法过于粗暴，鄙视、压制读书人的思想可见一斑。在王世杰看来，这是奇耻大辱，便愤然退考，管你朝廷如何强逼，也不予理会。

下一代的杰出者名为王伦，是王阳明的爷爷，也是他的启蒙老师。这位王伦自幼秉承家学，早就有大名于世，加上身材高大、相貌雄伟，颇有名士风范，二十来岁就是许多大家族争相聘请的首席家庭教师。而他一生所珍视的财富，也就是先祖世代所传的书籍，同时他又担心后世子孙不明白读书求学的真谛，糟蹋了这些宝贝，时常翻书流泪，称自己如不能增进好学的家风，恐怕就要有负于历代先祖了。

成长于这种担忧下的王守仁的父亲王华，自幼苦读，加上天资聪颖，才学更胜于其父。而到了这一代，也终于放弃了隐居传统，开始走上科举之路。结果一下便考了个状元。

一鸣惊人，却是王家数代学者培养起来的浓郁家风所致。

王状元的仕途起点自然也是极为不凡，年纪轻轻就成了皇帝的老师，因为讲解出色，很得皇帝欣赏，是当时的帝王老师中在任最长的一位。但考上状元并不意味着就沦为八股文的牺牲品，或者被污浊官场风气迅速感染，成为趋炎附势的势利之徒。恰恰相反，家风之中刚直严正的一面也传到了他的身上，在读书人的良知面前，他拒绝了大宦官刘瑾的拉拢。可笑的是，刘瑾却因为敬畏王华的才学声名，主动前来相求，要王华给他一个面子，去他府上，做做样子给其他人看，交换条件就是立马让他进入内阁，晋升为大明王朝权力核心成员。

与当年叛军求王纲当他们的统帅如出一辙。这就是书生的威力。

王华坚决不从，刘瑾也不能拿他怎么样，对于这样一位名动天下的才学之士，奸臣贼子是不敢冒天下之大不韪加以谋害的，只有暗中操作，将其外调地方，免得自己在朝堂上被其严厉斥责丢面子。

王华也并非孤独的斗士，在面对刘瑾的利诱时，他有一个志同道合的战友，就是他的儿子——王守仁，也就是王阳明。

子孙不肖学生肖

王守仁出生时，父亲还没有考上状元，正在苦读求学。但他也是如清代的胡林翼一样，家学渊源深厚，不愁没有良师。这位良师便是爷爷王伦。

王守仁最初名为王云，之所以改名，还有一段传说。据称其生来便异于常人，那就是直到五岁还不会开口说话，这让一家人十分担忧，最担忧的就是他的爷爷王伦：莫非这是一个智力低下的孙儿，难道家学就要中断在他身上？

但王伦又发现，每当自己读书作诗时，这个待在身边的孙儿总会特别出神，似乎已沉醉于那书中的世界。

后来在一个世外高人的指点下，王伦才发现孙儿的名字起得有问题，便根据《论语》所言，改名为王守仁，从此这个孙儿不仅开口说话，而且表现出了非同一般的智力。

传说归传说，爷爷王伦对王守仁的启蒙教导之功，必然是十分用心，因为当时父亲并无太多时间，家教之责，都是爷爷在承担。

也好在是爷爷在进行启蒙教育，因为对科举功名毫无兴趣，很有隐士风范的他，给王守仁的教育完全符合孔子所言的因材施教，从来没有强行灌输，这一点深深影响了王守仁。他后来的教育理念也是如此，侧重于顺应各个孩童不同的性情，善加引导而不是横加压制。

王守仁十岁时父亲考中状元，得到朝廷重

用，全家也就跟着搬到京城去了。踏入仕途的父亲，对儿子也是寄予厚望，一到京城就将其安排到最好的书院中去读书学习。但这些书院中的教学风气，就远不及他爷爷的那一套了，都是瞄准功名利禄的应试教育，让王守仁读得相当痛苦。结果王守仁就在厌恶之余，喜好上了骑马射箭一类的武夫业务，让父亲颇为惊异，屡屡加以责骂。

自幼启蒙孙儿的爷爷王伦是明白人，对于王华的担忧，他毫不在意，还直言将来王守仁一定是青出于蓝而胜于蓝。果然，王守仁后来在学术上、仕途上、思想上都有超凡的成就。

在刘瑾对付父亲王华时，已在朝中为官的王守仁，不满于这位大宦官的倒行逆施，毅然上书批驳，结果被贬到贵州去当一个驿站主管，路上还被追杀。也就是在这段落魄期间，王守仁经过长期苦思，终于有了学问上的突破，开创心学，名声大振，四方学子纷纷前来拜师，一代宗师冉冉升起。

他也早就厌倦官场，有了归隐讲学的念头。

无奈朝廷不放人，将他调去平叛。本来是一介书生，却因为读书有法，又一度热心于军事，结果上阵便立下赫赫战功，被他的敌人认为是一位“狡诈专兵”的棘手人物。后来碰上诸侯王叛乱，王守仁屡屡活用书中谋略，如效仿赤壁之战，以火攻对付敌军船队，四十多天便将叛乱平定，威震天下。

可笑朝廷昏庸，奸佞小人四处撺掇，平叛没本事，拍马逢迎却很有一套，要王守仁将那叛王放了，留给御驾亲征的皇帝去抓，好成全皇帝的威名。王守仁力争之下，最终换来将这个叛王押到南京附近释放，好让皇帝带兵抓住，耀武扬威一番。

王守仁就此更加失落。

数年之后，他想辞职回乡，将精力用于讲学传学。

无奈朝廷还是不放人，到其晚年身患肺病时，仍要强行起用，去平定叛乱，最终这位大学者病死于回乡的路上，当时朝廷关于他辞职养病的申请迟迟都没有给予答复。

遗憾的是，王守仁虽然学问超卓、功绩惊人，但他的子孙后代并未将家风传承下去，亲人之中也多有德行败坏者。虽然不乏读书做官者，却再也没有一个为了学习做人处事道理、以圣贤为标准的真正读书人，尽都落入了功名利禄中，王守仁家书中的警告，不幸成了现实，爷爷王伦的担忧，也终于应验了。

如他原本过继了一个兄弟的孩子作为子嗣，名为王正宪，自己后来晚年得子，名为王正聪。按照当时的规矩，他的第一继承人应是王正聪。不料在自己离世后，受过自己不少教育的“长子”王正宪，串通其他王家亲戚，前来逼迫年仅五岁的弟弟王正聪和其母亲，要争夺家产。这场风波闹得颇大，以至于朝廷有官员趁机攻击王守仁生前宣传一些大逆不道的学说，现在报应来了，结果朝廷将王守仁死后的爵位封赏统统撤去，王家也从此一蹶不振。到后来恢复爵位时，王家后代又为此争得头破血流。当时已是崇祯时期，大明王朝处于风雨飘摇中，这些王家子孙不思为国出力，却只顾争夺先祖的爵赏，争斗参与者王业浩还是进士出身，高居兵部尚书之职。

好的家风会跨出一家之门，影响到天下，成为民族之魂的一部分。王家的好学家风暂时沦丧于这些不肖子孙中，却在王阳明的许多弟子那里得到了继承和发扬。尤其是他所开创的“阳明学”，作为儒家思想的进一步发展，在明朝中后期形成了一个影响力极大的思想流派，后来还走出国门，对朝鲜、日本等国近代的学术思想产生了极大影响。甚至有一些观点认为，近代日本之所以能成功地进行明治维新，走上强国之路，很重要的一个原因就在于那些维新主将，多是阳明学信徒，大力实践了王阳明提倡的知行合一。

13

胡林翼：文武全才苦学来

“今之风化，每况愈下，朝多谄谀之臣，野有钻营之举，士不悦学，教失其绪，正有贼民兴、丧无日之叹。盖士习为民风之本，文章亦道德之华，世变循生，所以维礼教于不衰，扶廉耻于既敝者，皆赖读书明道之功。文教昌明，则七气燕燕日上，风俗所由纯焉。夫士先器识而后文艺，固不徒以宏博争长。然穷义理之精微，考古今之事变，所为文章，可通政事，使非豫养于平时，胡能致用于一朝！弟等强毅有为，幸努力于学，勿为世习所化，而反有以树乡里之先声也。”

这段话出自清代胡林翼的一封家书。大意是在告诫家人，在当时学风败坏的环境下，更要注重求学读书之理，不可随波逐流，沾染上不良习惯，败坏了读书人的本性。匡扶这个世道的本事，也是需要带着读书人的真心，到书中去加以寻求。

胡林翼是与曾国藩等人齐名的晚清名臣，文武双全，有雄才大略，除了治国理政、行军打仗之外，学问上也颇有建树。虽然年不到五十便匆匆离世，其思想影响却远播至今，历史上的许多名人都以之为师，深受启发。

如此英才，正是生于好学的家风。

好学仁厚养家风

与曾国藩同为湖南人氏的胡林翼，祖上并非书香门第，而是世代务农，少有向学之人，读书的传统可谓淡薄。直到明末清初，才有一丝读书的风气兴起。大约是因为种田有方，经济条件开始改善，家族人口繁衍生息，加上社会环境安定，有了读书求学的可能性。

传了几代之后，胡家的读书人便逐渐多了起来，也开始有以才智闻名于世者。如胡林翼的高祖父胡民典，以“圣书”为字，因为写得一手好字，还特编《书法指南》一本，在书法史上占有一席之地。同时他还精通儒学，注解过《孝经》等书，但却对考取功名做官毫无兴趣，所以才未能显大名于史。

不过他对后代的教育很用心。其子胡士逊，在父亲悉心教导下，也是颇有学识之人，当然同时也对考取功名做官毫无兴趣，他的最大兴趣在于培育家风、严正家法。因为本身就是一个儒雅谦恭的君子，又长时间致力于治家，结果胡家的家风从此就开始大兴，尤其是对于读书求学的态度，已是闻名于当地了。

这位家风建设者的兄弟，也尽是好学不倦者，如其兄胡多珩，一生求学，同时致力于教导子孙，有诗集传世。其弟胡多吉，不仅学识出众，德行也很出众，在当地很有威望。

到了下一代，好学家风更加兴盛，并开始有了“学而优则仕”的趋势。如胡林翼的叔祖胡显璋，考取了贡生，相当于高考成功，有进入当时的最高学府国子监读书的资格，也意味着有了做官的机会。胡林翼的祖父胡显韶，也是秀才身份，是见了地方官不用下跪的入门级士大夫阶层。以他们的才学，大可以更进一步，在仕途上有所发展，但他们的选择却是继承先辈事业，将毕生精力投入到培育家风之上，好学自然是重中之重。

祖父胡显韶博览群书，在当时科举已经极度僵化、读书人风气败坏的情况下，深知哪些书该读、哪些书不该读，故而他在家教中，一直坚持让子孙为学理明事读书，为应试去读书在胡家没有存在的可能。

可贵的是，胡家的这些读书人，不仅是自家子孙的良师，还是当地民间的教育家。在家族经济实力比较强的基础上，祖父胡显韶与叔祖胡显璋一同开办了一个紫筠书屋，两人亲自上阵负责教授乡中子弟。从这个民办学堂中毕业的学生，虽然并未有几个当官发达的人物，却都从两人的言传身教中培养出了纯良德行，更在归家之后以能力所及，资助自家的贫苦子弟走上求学之路。祖父胡显韶与叔祖胡显璋两人也时常慷慨解囊，资助乡亲，为此他们还一度节省家用，布衣素食。

有如此好学仁厚的先祖，以数代之力培育出一股强劲的家风，子孙后代必然有扬名于世的一天。

这一天开始于胡林翼的父亲。

其父名为胡达源，经历了颇为漫长的科场考试，四十岁出头方才考上进士，不过人家是全国第三名，也就是俗称的探花，是属于直接进入翰林院的储备干部，前途不可估量。

在胡家家风的熏陶下，父亲胡达源为人极有风骨，刚正不阿，故而在腐败的清朝官场上没有多大的回旋空间，仕途也比较平淡。即便一度因为文学上的才干被皇帝赏识，提拔到重要职位，终究也只能止步于四品级别。

官虽然做得不大，事却做了不少，而且还不乏彰显读书人浩然正气之事。胡达源曾到云南、贵州去负责教育事务、主持科举考试，在当时，这是一个“肥差”，除了朝廷的赏赐之外，地方官员也会送来大把“孝敬费”，更不用说某些权贵的请托贿赂了。但胡达源却是清正严明之人，地方官员得知，便串通起了恶霸流氓，要给这个京城来的“书呆子”一点颜色看看，甚至于有了公开的围攻举动。胡达源则是毫不手软地以国法加以严惩，将那些横行地方多年的恶霸一网打尽。百姓拍手叫好，贪官污吏就呜呼哀哉了，当地学风也在这位真正的读书人推动下，有了极大的改善。

在其任满回京之时，又碰上京城饥荒，他又受命担当起了施粥救民的重任，在其运用从书上学到的北宋名臣富弼的救灾法后，许多饥民得以活命。可笑的是，当时还有一些不学无术的官僚认为胡达源如此救灾，大有不妥，趁机告状。当然清代皇帝尽都好学，对于如此历史往事倒是颇为熟悉，又怎会轻信这种谗言，胡达源稍加说明，便欣然采纳了。

光大家风利天下

胡林翼来到世上时，父亲胡达源尚未考上进

士，还在外地求学。

但这丝毫无碍于他的教育启蒙。

有长期致力于地方教育事业的祖父胡显韶在家，又有叔祖胡显璋，胡林翼不缺少良师引导。

大约是数代家风传承使然，胡林翼也是聪颖异常，似乎天生与书便有缘分，还是婴儿之时，看到祖父在旁边看书，他也是一副若有所思的样子。到了四岁时，祖父便试着教他识字，发现这个爱孙记忆力异于常人，教导更加用心，六岁就正式教其读书写字。胡家先祖胡民典以书法闻名于世，这份传承也早已融入家风，胡家善书者比比皆是，祖父和叔祖更是造诣颇深，胡林翼自然也开始习得这一家门本事。

父亲考中进士，闻名天下后，更有名士陶澍成为胡林翼的岳父。这位陶澍曾高居巡抚之职，同时也是清代大学者，行事作风与胡林翼的父亲胡达源一样，刚正不阿，是腐败官场上的另类。他是胡林翼父亲的好友，路过湖南时登门造访，以其阅人无数的眼光，判定小小年纪的胡林翼是济世之才，一见便定下了一桩亲事，早早当上了岳父。

既然岳父是饱学名士，那么对于女婿的学问之道，自然是不会掉以轻心的了。胡林翼也曾有一段年少轻狂的时间，求学精神懈怠，做了些嬉戏之事。岳父得知，特意为他请了当时有名的学者蔡用锡，给他当私人教师。这位蔡用锡虽然是一位科场失败之人，却因为身负绝学，而为许多朝廷权贵、地方大员所看重，屡屡想延揽过去当幕僚。他本人在对科举功名失去兴趣的同时，也无意于去找棵大树来乘凉，而是潜入民间去传学收徒。这样一个另类人物，在教导胡林翼时，自然采取的是非同一般之法。他不去研究八股文章的写法，而是专注于治国理政的实际方略，特别注重治乱治剧之道。有意思的是，这位民间学者对军事也颇有见地，是一位知兵的书生，这方面的素养自然也悉数传给了胡林翼，让其文武之才都有了一番相当大的强化。

而父亲胡达源，在高中进士、入京为官后，也回过头来承担起了教子之责。在翰林院当储备干部的日子，主要工作是公文，并不繁忙，故而也有时间来督促胡林翼读书。翰林院的同事都是一些学识出众的人才，胡达源便在自己亲身教导的同时，请他们前来相助。结果就是胡林翼的老师阵容堪称“豪华”，先后有十几位翰林才子与他结下师生之缘。

古代师生情分相当重要，对于仕途而言尤其如此，若是哪位官员的门生，那么要得到其推荐出来做官是很容易的事情。胡林翼有如此多的老师，而且多为国家储备干部，日后都是要担当要职的人选，这份人脉的力量可想而知。当然其父胡达源绝不是为了儿子将来的官运做此打算，若是那样的话，他应该早早去让儿子拜倒在一些可以“立即生效”的大员名下，何必等到几十年后？

在如此优良的教育之下，胡林翼没有辱没家风，二十四岁便高中进士，被点入翰林院。一时间，胡达源与胡林翼的父子同登翰林，成为广为流传的佳话美谈。

虽然早中功名，但胡林翼并未沦为八股文的牺牲品，只会作一些空洞无物的僵死文章，恰恰相反，在诸多良师与优良家风的熏陶下，他一直是带着求真、求实、求理的态度去看待读书这件事，也由此有了许多见解，甚至还有直斥科举考试从选拔人才转为戕害人才的内容："独明祖之八股取士，外托代圣贤立言之美名，阴为消弭枭雄之毒计，务使毕生精力，尽消磨于咿唔呫哔，而未由奋发有为，以为家国尽猷谟之献，此其处心积虑，以图子孙帝王万世之业，诚不失为驭天下之道。而戕贼人才，则莫此为甚……"

但他的兄弟们貌似就没有这般清醒了，反而是沉迷于八股文中，难以自拔。胡林翼自然觉得有义务唤醒他们，在其许多家书中，都苦口婆心劝兄弟们赶快回头，要读真正的书、学真正的理。如在给其弟弟的一封家书中，他就曾说道："兄意时艺既为风会所趋，诚不妨一为研究，惟史学为历代圣哲精神之所寄，凡历来政治、军事、财用、民生之情状，无不穷源竟委，详为罗列。诚使人能细细披阅，剖解其优劣，异时经世之谟，即基于此。二弟勿仅虚掷精神于无用之地，而反置根本之文学于不顾也。"

开篇提到的那封家书，也是出自同样的目的。

至于胡林翼本人的才学，自然是超卓绝伦，时人评价为“中兴诸贤之冠……于政治、文章、经济、军事，固无所不学，无所不致其用也”。他有多部著作传世，其中以《读史兵略》最为有名。这是一部古代战争史的读书笔记，也是胡林翼结合自己的军事实践提炼出来的用兵心得，在清末民初备受许多军事家重视。

尤其值得一提的是，这位博学之士并未故步自封于中华之内，其眼界极为开阔，对于西方文化也极为重视。他曾吸收西方地理学知识，主持编绘出一幅《皇朝中外一统舆图》，是当时最为精细完备的中国地图，其上赫然标明钓鱼岛为中华领土，比日本方面所谓的1895年取得钓鱼岛主权早了三十多年，至今仍是捍卫中华领土完整的铁证。

晚年的胡林翼在治理湖北时，学其先祖致力于光大胡家好学家风的传统，又兴办起了一座箴言书院，以其父胡达源所作家教书《弟子箴言》

为名，其中藏书多达三万余卷，都是他的一生心血所在。这个书院传承到了今天，已是一所远近闻名的重点中学，百余年间培养出了许多有为学子。

14

左宗棠：求学切勿为功名

“诸孙读书，只要有恒无间，不必加以迫促。读书只要明理，不必望以科名。子孙贤达，不在科名有无迟早，况科名有无迟早亦有分定，不在文字也。不过望子孙读书，不得不讲科名。是佳子弟，能得科名固门闾之庆；子弟不佳，纵得科名亦增耻辱耳。”

这段话出自清代名臣左宗棠给儿子的一封家书。大意是在叮嘱儿子，要其在教育孙儿的问题上，切忌以科举功名为目的，而是要重在明理，如有违背，那么即便教导出来几个科场高手，也只有辱没左家家风的“好处”。

左宗棠是晚清时期与曾国藩、李鸿章等人并立的中兴之臣，也是维护中华领土主权的功臣，他在家教上也是令人称道。左家家风严正，好学精神浓厚，尤其秉承了左宗棠不为科举功名读书而为明理读书的宗旨，子孙后代尽管没有再出没于仕途，却在更广阔的天地为这个民族的发展作出了贡献。

家教有方学名扬

左宗棠出自一个书香门第，七代先祖都是秀才，且才学均颇为出众，但似乎都对当时许多人热衷的科举功名没有太大兴趣，乐于以秀才之身留在家乡，做一些教育事业，以此终老。比如其父左观澜，就对功名利禄、荣华富贵没有任何兴趣，安贫乐道，在乡间教书育人二十余年。

左家的经济条件并不宽裕，除了父亲教书所得外，只有先祖传下的田产不到百亩，生活颇为清苦。但有家学传承、古书为伴，精神生活上却很富足，如此也养成了左宗棠吃苦耐劳的品性，而这种物欲上的淡薄，本就是读书人的操守。

左宗棠启蒙颇早，大约三岁时就在爷爷、父亲的教导下开始读书识字了。他的记忆力很强，在几个兄弟中天资最为出色，四五岁时便能记下许多诗文，并开始接触四书五经，八岁就开始学习八股文，看来先辈虽然无意于科场，但到了他这一代，还是抱着希望去试一试。毕竟当时清朝内忧外患，但凡有些见识的读书人，都有匡时济世的热血，那么就必须踏入仕途，走科举之路。

家教有方、天资不错，左宗棠应该可以早早考得功名归，却无奈那八股文实在是刁难至极，以他的才学，竟然多次名落孙山。屡屡失利之下，左宗棠对这种僵化的考试模式产生了深深的怀疑，转而将求学的方向转向追求实用知识，也就是明理。在他十五六岁到二十多岁的黄金时期，以极大精力钻研了历史、地理等门类，这些知识在他以后征战四方时发挥了巨大作用。

在这条求学路上，他又得遇良师。那是晚清有名的学者贺长龄，也是提倡追求实用学问的先锋人物，家中更有丰富藏书。左宗棠慕名而往，几番交谈下来，得到贺长龄的欣赏，从此有了师生之谊。

后来左宗棠又在贺长龄的弟弟贺熙龄负责的长沙城南书院修学十年，实用学问得到进一步提升，也就是在这里，他结识了一位好友——胡林翼。

有意思的是，胡林翼的岳父后来也成了左宗棠的亲家，这大约就是物以类聚、人以群分的道理吧。当时跟他“聚”到一起的还有林则徐，这位当时名声极大的人物，与还没有“身份”的左宗棠曾经彻夜长谈，并认定将来若西北有事，那么平乱者必是此人，在家书中更是称赞这是“绝世奇才”，可见左宗棠在学问上的造诣已达何等地步，可叹在当时的体制下，如此人才却不得以出。

不出便不出，左家本来就有隐居乡间、教书育人的传统，这股家风在左宗棠断绝科举念头后得到了延续。他带着一家老小，过起了长时间的耕读生活，为此还特意钻研了一番农业知识，编写出了一本农业生产指导手册，让其所有的田产产量大大超过其他乡亲，也算是学以致用了。

后来他又用田产经营所得开设学馆，招收弟子。当然，他所要教的不是怎么作八股文，而是要传授自己的实用学问，故而前来拜师的学生也是对科场深恶痛绝者。这些学生后来大多成为晚清有为之臣，如“颇能刻苦立志”的周开锡，就以战功做到了巡抚级别的官职。

因实用学问上的造诣而为许多人所知晓的他，不止一次得到推荐，包括来自好友胡林翼的推荐，一些地方大员也有意招他入麾下供职，但左宗棠始终不出山。

英雄终有用武之地。

在他四十岁时，遇上太平天国起义军攻打长沙，在胡林翼推荐下，湖南巡抚急召左宗棠出山，并将军事事务全权委托。一个此前从未有过什么官职、也没有什么实战经验的乡间教书先生，一出来就被委以如此重任，可见左宗棠虽然长年隐居，却早已名满四方，这都是他有真才实学所致，也与学问路上的良师益友之推荐密不可分。

左宗棠的一身所学也得以真正派上用场。在他出谋划策之下，太平军攻打长沙失利，他也从此远离乡间，步入晚清风云变幻的舞台。

可笑的是，当时自高自大的清朝贵族樊燮，

看不起这个突然跳出来的“小人物”，结果被左宗棠痛骂，告状告到朝廷上去，却反被皇帝降罪革职。一打听才知道这个“小人物”虽然在官职上没有他大，在学问上却是连皇帝都看重的人才。恼怒之下，回家后重金请来老师，严加教导两个儿子。同时立下一块洗辱牌，将左宗棠骂他的话刻在上面，与祖宗牌位供奉在一起，要儿子将来在学问上超过左宗棠后，才能将这块牌子烧掉。他还立下一条“复仇”的遗训：考秀才进学，脱外女服；中举人，脱内女服；中进士，焚洗辱牌，告先人以无罪。

这是历史上的一段让人啼笑皆非的故事。

不过这倒逼出一位享誉晚清的诗人樊增祥，只不过这个儿子如左宗棠所言一般，是学到了书中道理的人物，并未将父亲当年的恼怒之举当真。他后来进入张之洞府中，为国家做了许多事情，樊燮泉下有知，当好好反省一下了。

子孙后代多人才

家风好学，自己也是好学之士，并以真才实

学而不经科举之路成为晚清重臣，左宗棠在家教方面又有何作为？

他并不希望子孙后代学他做官，而是希望能保持住好学家风，平淡于世，重要的是能读书明理，无愧于天地。

对于自己的兄弟和儿子都很热衷的科举考试，他反复在家书中加以训诫，如他曾在给长子左孝威的多封家书中反复强调："只要读书明理，讲求做人，及经世有用之学，便是好儿子，不在科名也"，"生尔等最迟，盼尔等最切，前因尔等不知好学，故常以科名歆动尔；其实尔等能向学做好人，我岂望尔等科名哉"，"我欲尔等应考，不过欲尔知此道之辛苦，发愤读书，至科名一道，我生平不以为重，亦不以此望尔等。"

大约是儿子们中科举的毒颇深，在左宗棠反复训诫下，不仅没有大的改正，反而还将此毒传给了自己的儿子们，也就是左宗棠的孙辈，结果便有了左宗棠开篇的那一段训示。后来左宗棠还严厉斥责："或且以科名为门户计，为利禄计，则并耕读务本之素志而忘之，是谓不肖矣。"意思是如此下去，那么你们都是不肖子孙。

一面要子孙摆脱科举之毒，一面则要子孙学习自己的读书求学态度，同时保持住安贫乐道于耕读的家风。左宗棠曾在家族祠堂中写下“纵读数千年奇书，无实行不为识字；要守六百年家法，有善策还是耕田”的对联，以警示家族后人。但这种平淡并不意味着平凡，恰恰相反，左宗棠要子孙后代先立志，再读书，如此才有方向。他让子孙后代要以古代圣贤为榜样，而不是向那些历史上的达官贵人看齐，要学就学圣贤在才学上的境界，不断提升自身修养。他在家书中就曾谈到：“读书作人，先要立志。想古来圣贤豪杰，是我者般年纪时，是何气象？是何学问？是何才干……好样要学，坏样断不可学，心中要想个明白，立定主意，念念要学好，事事要学好，自己坏样，一概猛省猛改，断不许少有回护，断不可因循苟且，务期与古时圣贤豪杰少小时志气一般，方可慰父母之心。”

在读书的具体方法上，左宗棠也是悉心教导，并提出了“三到”的读书法，也就是目到、心到、口到，要求子孙们读书不可贪多，但凡每读一字一句，都要结合实际，细细思索品味，“一字求一字下落，一句求一句道理，一事求一事原委”，将书本知识真正转化为自己的思想。如关于儒家典籍中对于家庭相处之道的记载，左宗棠就告诫子孙，不能只是草草读几遍，强行记下来了事，那样等于浪费时间，而是要读一句、想一句，想想这些事情自己能不能在家庭生活中做到，如何孝顺父母、如何对待亲人、如何交朋结友……并将其用于改正自身毛病中去，这才算是会读书，读通了书。

在这样一位父亲的循循善诱之下，左家后代子孙虽然并未显大名于官场，但却继承了这股勤苦好学的家风，涌现出了许多实用的人才。

他的长子左孝威，一度沉迷于科举，在父亲训诫之下，后来转而研习实用之学，长于谋略，被时人认为很有父亲当年的风范，不幸英年早逝，否则在晚清舞台上必然会有一番作为。

次子左孝宽、三子左孝勋、四子左孝同都在朝廷做过一段时间级别不高的官职，后来要么退隐、要么病亡，他们在学问上虽不及父亲那样辉煌，但也是各有所长，尤其以左孝同的书法出名，被后世认为是得了左宗棠真传。

再到后来，左宗棠的子孙中为官者就越来越少了，但当老师、医生和科学家的却不少。如曾孙左景鉴，是新中国有名的外科专家。他幼年时父母双亡，成长极为不易，在艰苦条件下苦学成才。他不忘左家家风，在教育子孙时表示，先祖左宗棠为晚清重臣，留下的却并非万贯家财，而是一种家风，这才是左家真正的财富。在这种家风的教导下，他的儿子左焕琮后来成为著名神经外科专家，女儿左焕琛成为著名医学教授。

又如另一位曾孙左景伊，是抗战时期派往美国的留学生，学成后归国，以满腔热情投入到新中国的建设事业中去，成长为著名的科学家，在化工领域作出了杰出贡献。得家风所传，他同时也是一位博学多才的学者，文史方面亦有相当功底。

好的家风必然会跨出一家之门，成为民族之魂的一部分，左宗棠更是这方面的实践者。他除了严加教导子女外，还以自己的力量在所任范围内大力兴办学校，发展教育，开启民智。如他在收复新疆之后，就立即投入到兴办学校的事业之中，刊发大量教材，免费发放于民间。他深知，处于晚清动荡局势中的百姓，多为贫寒家庭，无力供子女读书求学，便时常捐出自己的俸禄，增拨款项，用以资助穷人子弟。他在征战间隙，还时常到这些学校中去考察，与学生们探讨问题、切磋学问，鼓励他们要以读书明理为追求。

在左宗棠的关怀之下，许多人才得以成长起来，如名为安维峻的人物是入了翰林院的储备干部，后在甲午战争中积极主战，连上六十五道奏疏，痛陈朝廷腐败、贪官污吏横行，若不有所醒悟，痛加整治，一旦战争失利，如何对得起祖宗和天下？这种大无畏的行为正是左宗棠所言的读书求理之结果，最终惹怒慈禧太后一帮人，获罪流放。

鲁迅先生后来称赞这位左宗棠的学生为“中国的脊梁”。

15

严复：启蒙大师家教严

“前得儿书，知在唐校用功，勤而有恒，大慰大慰！学问之道，水到渠成，但不间断，时至自见，虽英文未精，不必着急也。所云暑假欲游西湖一节，虽不无小费，然吾意甚以为然。大抵少年能以旅行观览山水名胜为乐，乃极佳事，因此中不但怡神遣日，且能增进许多阅历学问，激发多少志气，更无论太史公文得江山之助者矣。然欲兴趣浓至，须预备多种学识才好：一是历史学识，如古人生长经由，用兵形势得失，以及土地、产物、人情、风俗之类。有此，则身游其地，有慨想凭吊之思，亦有经略济时之意与之俱起，此游之所以有益也。其次则地学知识，此学则西人所谓geology。玩览山川之人，苟通此学，则一水一石，遇之皆能彰往察来，并知地下所藏，当为何物。此正佛家所云：大道通时，虽墙壁瓦砾，皆无上胜法。真是妙不可言如此。再益以摄影记载，则旅行雅游，成一绝大事业，多所发明，此在少年人有志否耳。汝在唐山路矿学校，地学自所必讲，第不知所谓深浅而已。”

这是晚清著名学者严复给儿子的一封家书。大意是在指点儿子读书求学的方式，那就是将一般人的游山玩水转化为行万里路的学习途径，以获得不同于书本的知识。严复还援引古代司马迁到各处游历考察多年，后来成就了一部《史记》的故事，来说明自己行万里路的求学思想。

严复是近代中国历史上极为有名的人物，学贯中西的他，有许多传奇经历，这些经历又总是与中国遭受的磨难联系在一起。不断的坎坷曲折下，不变的是求学兴国心。严复最终成为影响深远的大学者，更立下刻苦求学的家风，子孙后代也多有杰出人才，献身于民族的觉醒与复兴，乃至付出生命。

忧国忧民传西学

虽然严复是以传播西方学说而闻名，但他的家族背景却极为传统。他家的先祖多为中医，医术还颇为不凡，在当地很有名气。不过这些先祖学医却是出于无奈，因为他们都是屡屡科举失利，为了谋生不得不学医，久而久之便成了名医，成了名医之后，还是执着于科场，却始终没有一个得以考取功名。

自然不是他们无才，无才之人岂能成名医？而是晚清科举考试腐朽，已成为扼杀人才的利器。

不过这些先祖倒也在有意无意中养成了一股好学的家风，而且这种好学与当时许多家族只知读四书五经、学八股文不同，他们家的好学，除了学四书五经外，还要学医，特别是后者，要求有相当程度的实践，严复后来会在家书中教导儿子重视行万里路的实践思想，大约就源于此。

严复出生之后，其父严振先觉得他天资聪

颖，有实现考取功名的希望，便悉心加以教导。故而严复自幼所受启蒙教育相当扎实，数代先祖追求科举功名积累下来的家学开始灌注到他的大脑之中，深深影响了他的一生。

除了自己教，父亲还特意请来当地名士黄宗彝给儿子当家教。这位黄宗彝出身富商家庭，却不喜欢做生意，特别爱读书藏书，尤其精通古文字学，诗词也比较出色。

照此发展下去，严复很可能要走上一条征战科举的不归路。

不料父亲在瘟疫流行时出诊染病而亡，严复当时年仅十二岁。

家中顶梁柱一倒，家道自然没落，科举之路从来都不是免费的，光是赶考所需花费就很惊人，何况还要外出求学呢？而严复眼下所急，却是要挣钱养家糊口。

恰逢有刚刚开办的西式福州船政学堂正在招收公费生，每月还有额外补助，窘迫之下，严复索性前往。

考上了，人生从此改变。

由洋务运动代表人物之一的沈葆桢所创办的这座学堂，是以“师夷长技以制夷”为目的，重点培养海军人才。开设科目都与西方近代科学有关，如英文、算术、几何、代数、电磁学、光学、地质学、天文学等。而在培养模式上，则是采取宽进严出。因为国人当时尚未接受这种西式事物，前来应考者其实并不多，故而准入门槛并不高。但考入之后，则是另一番景象，三个月就要考试一次，不合格者立即开除。结果，最初招收的百余名学生，到毕业时剩下不到四十人。在这种高淘汰率的刺激下，包括严复在内的许多学生都养成了一股好学不怠的精神。他在这里学习了五年，经受了一番全然不同于家学的锤炼，成长为一位新式人才，并因为成绩优异，成为清朝第一批公费留学生，带着富国强兵的重责，前往英国求学。

严复在英国学习期间，目睹西方种种先进之处，越发感觉光靠学一些技术上的东西，如军舰大炮，对于改变中华落后挨打的局面作用并不大，更为根本的差距应当在于技术之外。加上清朝驻英大使郭嵩焘的赏识，经常带他游历欧洲各地，眼界进一步开阔。行万里路之后，严复终于认识到，“师夷长技以制夷”根本走不通，只有学习西方先进的政治制度，从根本上进行改革，摆脱封建专制，才能走上富国强兵之路。

有了这种认识后，严复以更大的热情投入到对西方文化的吸收中去，阅读了西方近代大量重要学术著作，对政治、经济、社会等领域进行了深入研究。待他学成归国时，已是当时首屈一指的学者。

李鸿章立即邀请他去北洋水师学堂，还保举他为四品知府级别官员。可叹的是严复历代先祖的科举梦，此时依然萦绕在他心中，竟然又数次前去参加科举考试，要博得一个功名才甘心。甲午战争彻底打破了他的迷梦，让他真正觉醒，将这种早已腐化变质的考试摒弃于自己的求学兴国路上。

此后，他几乎是以一人之力，在主张废除科举考试的同时，还翻译引进了大量西方思想著作。他的翻译不仅仅是翻译，而是结合中华当时的危机困境，进行有针对性的阐发，目的是要引起国人思想上的革命，为现实上的行动作准备。也正是因为如此，他被后人尊为近代史上的启蒙思想家。

晚清直到民国时期，翻译家很多，产量大于严复的也很多，但能从翻译家境界上升到思想家境界的，唯有严复一人，关键就在于这个求学经历曲折的才子，始终有一颗学以报国、学以兴国的心，故而外国人的种种作品，到了他的笔下，都化为了一个个催发、警醒国人的字符。这些翻译著作中，影响最大的便是《天演论》。这部书本是达尔文好友赫胥黎用来阐发进化论的著作，在严复笔下，融合了许多西方学说，加上自己痛心疾首的大呼，转变成了以“优胜劣汰”思想震碎国人混沌迷茫状况，纷纷起来寻求救亡图存之道的思想启蒙巨著，许多后来的仁人志士当时都深受此书启发。

当年其父启蒙他考取功名。

如今他启蒙国人救亡图存。

悉心教导育子孙

如此一个国民启蒙之父，毕生以求学兴国为己任，对于子女的教育自然也是以此为重。在繁忙之余，他的时间大都用在亲身教授子女国学、英文、数学等科目上。若子女不在身边，那就是时常以家书往来，以敦促子女的学习。他自己学贯中西，是因出洋留学而发生的改变，所以对子女的教育也特别重视学习西方这一块，特别强调对于英文的学习，要他们尽早达到能看原版英文书，这在当时是极高的标准了。

至于子女将来的专业方向，严复倒并未加以太多限制，在他看来，行行都能出状元，行行都能学以兴国，他的子女也尽在家父严训下打好了基础，后来活跃在许多领域。

如开篇那封家书的对象，是严复的第四个儿子严璿。他十多岁时便离开家庭，进入唐山工业专门学校学习，家人甚为担心。严复也很担心，不过他担心的不是生活问题，而是这个年纪轻轻的儿子一离开自己的视线，会不会学业懈怠，染上一些坏毛病。因此，他在家书中才会对严璿强调学习问题，并告诉他，游山玩水可以，但要学会父亲的游山玩水之道，那就是行万里路长见识。严复离世前又写信给好友，要其在自己死后监督严璿的学业。后来严璿从上海交通大学毕业之后赴美国留学，学有所成，没有让父亲失望。

而与严复本人求学经历类似的，是其长子严璩。他也是自幼承受国学教育，饱读诗书，后来又在父亲安排下前往英国留学。这种中西兼容的人才在当时极为稀缺，故而他一生多任要职，并在主管最多的财政事务上为国家作出许多贡献。令人敬佩的是，抗战爆发之后，日伪一度逼迫他出来给汪精卫政府效力，给他财政部长的高官，当时贫病交加的严璩没有忘记父亲的教诲，更忘不了侵略者与汉奸的罪恶，宁死不从。

除了儿子之外，严复还有许多女儿，若按照封建道德，这些女儿是不可以读书的，即便读，也不要读太多，读点关于妇道的就可以了。但严复是开眼看过世界的人，又是国民启蒙之父，哪里还会信这一套？他在甲午中日战争之后，就大声疾呼要提倡妇女教育，认为中华的女子应和男子一样，加入到求学兴国的运动中来，如此才是“为国致至深之根本”。在他的家教中，更是没有男女高低之分，儿子女儿都一样。

他的长女严瑸，自幼蒙受家训，知书达理，在绘画和书法上造诣颇深，但严复却并未送其留洋出国，因为他自知这个女儿性格有些拘谨，英文等方面的素养也不太坚实，贸然出国弊大于利。不止是长女如此，他另外三个女儿也因为基础问题，并未留洋出国，但国学功底深厚。可见，严复教女既不染封建旧习，又不落崇洋媚外的俗套，而是因材施教，讲究科学。

到了他的孙女一代，情况就开始改变。

如长孙女严倚云，三岁不慎摔伤，医生曾预言其命不过十五年，一生会疾病缠身。但在爷爷的疼爱与教导下，这位孙女以坚强意志走出了一条向上的人生路。她十三岁进入教会学校，打下坚实的外文功底，后来通过法国政府的考试，二十来岁成为中法大学教师，后来又远赴美国留学，并在多所高校教学，在学术上多有建树，是当时美国著名的女性学者。为了发扬光大爷爷的求学兴国精神，这位孙女还在华盛顿大学创立了“严复翻译奖学金”和“严复奖学金基金会”。

又如他的四孙女严停云，是在文学和教育领域都有相当成绩的知名人士。其丈夫叶明勋则是自幼接受了相当深厚的国学教育，从中学开始又接受系统的英文教育，在中西兼备这一点上，类似于严复，他后来成为一位极具影响力的办报人。这种文化上的对应，才是真正的“门当户对”。

至于严复的孙子，表现也令人敬佩，他们不仅学业有成，更是在行动上实践了爷爷行万里路的教诲。

做官之道

16

杨震：传子当传清白德

“使后世称为清白吏子孙，以此遗之，不亦厚乎。”

此话出自东汉杨震之口。其大意是将清白廉洁的为官之道传给后世子孙，让他们留美名于百姓之口，才是最厚重的遗产。

杨震何许人也？

东汉名臣，儒学大师，陕西人氏，被称为“关西孔子”。他的家族，是与后来袁绍的家族并列的东汉两大门阀。

但杨家与袁家的家风却有截然不同的区别。

就从杨震这一句话讲起吧。

关西孔子留清名

传说杨震的先祖是一个名叫杨喜的小军官，在刘邦手下当差，因为在击杀项羽的战斗中立了功，逐渐开始富贵起来。其后又有一个名叫杨敞的先祖，娶了司马迁的女儿为妻，本人一改杨喜的武夫气质，成为儒学之士，并因此当上了西汉丞相，大约从此也就开创了杨家好学重道的风气。

这种风气发展到杨震的父亲杨宝时，有了极大的飞跃。当时私学发达，许多书香门第都以专攻一种儒家典籍闻名天下，杨宝则选择了《尚书》，多年苦读后也成了当世名儒。朝廷闻风来召，但他坚持不出，连光武帝刘秀都不搭理，宁愿隐居民间，收徒教书。

此乃隐士。

杨震也从其父之风，潜心学问，隐居民间，却有了比父亲还要大的名声，博得“关西孔子”的雅号。朝廷闻风来召，他统统不应，以至于留下许多美妙传说。如有燕雀衔鱼到他面前，就被传为这是杨震会做大官的征兆。

他直到大约五十岁的年纪时才出来为官。

其实他并非完全无心于仕途，而是当时东汉王朝日渐腐败，外戚、宦官交相争权，皇帝多是不懂事的幼儿，这让一个以儒家道义为人生信条的学者实在难以苟合。只是那新上台的外戚邓骘，并非如前任一样贪赃枉法、横行霸道，而是以节俭谦恭、德行高洁著称于世，又大量召用天下名士，净化朝政，似乎是外戚中的例外，杨震在其反复“招聘”之下，才前去当了幕僚。

人到晚年，万事皆消，何况是做官。按照许多人的观点，此时才出山的杨震，在朝堂上做做样子就够了，犯不着过于认真，何况当时朝堂争斗激烈，认真可是有生命危险的。

杨震却不做样子。

他为官，首重清白二字，所以对于利用自己的名声捞好处全无兴趣。做到太守级别，家人外出还是徒步而行，须知当时那些自以为不得了的大小官员们，都以下脚走路为耻，觉得那是大大有失身份的事情，不弄个车队都不好意思出门。

一些门生故吏便前来“好心开导”杨震要“跟上潮流”，利用手中的职权，多给子孙弄一些产业，杨震闻之，哈哈大笑，便道出了开头那一句话——“使后世称为清白吏子孙，以此遗之，不亦厚乎”。

这也便是他的家训。

又有一个门生，因为得到他的推荐做了官，心中感激，便在深更半夜时分，带上许多黄金到杨震那儿，要用实际行动来“感激”，还强调称现在夜深，无人知晓，杨震不用担心，看来在他心目中，似乎这个“关西孔子”所重者，只是虚名而已。结果杨震厉声教训道：“天知、神知、我知、子知，何谓无知？”那境界实在不怎么样的门生，只有羞愧而退。

好一个“四知”！

这样一个清白之官、廉洁之人，颇得邓骘重用，后来专门负责选拔人才的工作，将这个领域内存在许久的歪风邪气狠狠收拾了一下。

不料风云突变，在一场宫廷政变后，代表外戚势力的邓骘被宦官集团打倒了。

杨震显然是邓骘麾下的人，树倒猢狲散，许多人躲都来不及，杨震却不退反进，连连上书，批判皇帝重用宦官，滥杀重臣，胡乱施政。

当时的皇帝乃是东汉昏君之一的汉安帝，十多岁继位的少年天子，只知道吃喝玩乐，朝政便落到他的乳母一家和宦官手中。邓骘被打倒之后，得势者正在追击其他人等，偏偏对这个立于朝堂上的杨震奈何不得，只有任他痛骂。

因为这是有“关西孔子”之名的当世大儒，又是以清白廉洁著称于世的良臣，谁若杀他，谁就会丧尽天下人心。

杀不得，就拉过来。

很快，便有人前来透露合作的意图，并让杨震先选拔几个宦官党羽当作见面礼，甚至还拿出了汉安帝的招牌。但杨震坚决不从，严正声明若是皇帝旨意，那就按照程序来办，拿出相关文件来。

引得这些人大恨。

杨震又有何惧哉？他自幼苦读，可不是读成了书呆子，也不是读成了小人儒，而是一个堂堂正正的君子儒，他是读通了孔孟之道的，国家倾危、朝政混乱、奸佞当道，他是绝不可以再度退回去隐居的。

清白，并非一个人独善其身的清白，而是要澄清天下的污浊。

矛盾也越来越激烈。发展到后来，汉安帝也对这个屡屡阻止自己许多荒唐行为的倔强老头失去了耐心。恰好此时一个宦官伪造圣旨，被杨震所获，正要上告。那宦官却抢先告黑状，称此人乃是邓骘故吏，早就对皇帝怀恨在心，一直图谋报复，之所以屡屡上书反对这、批判那，就是这种心态的表露，甚至不惜编造罪状。

汉安帝也以此为由头，将杨震罢免回家去了。

还是不敢杀他。

杨震却不愿忍辱偷生。那些儒家典籍上的许多圣人之言，从来不是口头说说就罢了，到了关键时候，是需要后生用生命去加以捍卫的。

这就是殉道。

杨震要殉他的清白之道。

将家人和门生召集起来后，这位七十多岁的老者，以慷慨激昂的声音，痛陈自己蒙受国恩，老来做官，却不能涤荡朝中污秽，还天下一个清白世道，根本就无脸见那昭昭日月，只有以死殉道。

说完即饮毒酒而亡。

他死后，还继续遭到奸佞的迫害，那些顺风倒的地方官员，竟然不准其棺木运回故乡，滞留多日。

如此一来，许多人怕了，更加卖力地讨好起宦官来。

杨家的子孙，却不会怕。

他们不仅传承了家学，也传承了这一股强劲的清白家风，越是世道浑浊，越是傲骨挺立，要站出来大喝一声。

枭雄难杀清白人

杨震自杀之时，那昏庸的汉安帝还有兴致去泰山游玩，想搞一个封禅的把戏。

他也配？

很快他就神秘病亡了。

下一个皇帝汉顺帝继位后，立即铲除了前朝的宦官集团，杨震也得到了昭雪，其子孙也相继入朝为官，且多为贤能之士。

尤其是次子杨秉，深得家学精要，行事也颇有父亲之风，隐居教书到了四十多岁方才出山。

他所处的时代，比起父亲来还要糟糕。外戚与宦官的战争越发激烈，皇帝也是一个比一个小，竟然还有两岁的婴儿，完全就是木偶。朝堂混乱，地方上也是乌烟瘴气，贪官污吏横行，百姓民不聊生，暴动不断，又有外敌崛起，东汉已进入动荡的末期。

奉行清白家训的杨秉，踏入这样一个背景下的官场，廉洁之名很快传遍天下。

父亲有“四知”，他有“三不惑”：酒、色、财，这都是贪官污吏必中的毒药，在杨秉面前则完全失效了。

当时在朝中当官，要么热衷于争权夺利，要么就是贪赃枉法捞好处，杨秉却严格按照自己到岗的时间，按照朝廷明文规定来领取应得的俸禄，多发滥发的一律退还。后来被昏君罢免回家后，生活困难，发了财的门生故吏带着大量钱财前来帮助，他也是统统拒之门外。

自己一身清白，还要扫去朝中污秽，方算得了杨家子孙。

杨秉也如其父，屡屡直言上书，痛陈奸佞之害，更在高居太尉之职后，一改前任大量提拔自己党羽的作风，先对天下闻名的大贪官五十多人来了一个集体的惩处，史称“天下肃然”。

对于正在张牙舞爪的宦官集团，杨秉自然不会手软。虽然在昏君治下，一度被宦官诬告，送进了监狱，但他只要有机会，就绝不会放弃。到后来竟逼得皇帝没有办法，一连处死了几个天怒人怨的大宦官。

在后世一些学者眼中，他是东汉贪官污吏眼中最可怕的人。

在他去世之后，朝政更加黑暗。起初还有些明君风范的汉桓帝，面对偌大一个烂摊子，已经失去了收拾的信心，转而走向重用宦官、压制士人的反面。

杨震的孙辈就在此时登场，其中最为杰出者，乃是名叫杨赐的人物。

他碰上了东汉最为荒诞昏庸的汉灵帝。

虽然屡屡被免，却依旧是屡屡上书，希望能尽量挽回一些这个王朝往日的清白之风，多延续一些时日。

在他之后，则是杨震曾孙辈的人物。

其中有个名叫杨琦者，在汉灵帝身边为官时，曾被这个皇帝问及："我和汉桓帝相比较怎么样"，言下之意，我至少比那个昏君强一些吧。杨琦却傲然答道："如同虞舜和唐尧相比较一样"，言下之意，就是你们都是一路货。

汉灵帝大不悦，却也只有说道："真不愧是杨震的子孙呢！"

而他的兄长杨彪，官至太尉，不畏奸佞，曾揭发大宦官王甫巨额贪污案，并紧追不放，接连挖出许多宦官党羽，在东汉王朝即将倒台之时，带来了一丝清白气息。

在东汉王朝倒台之后，面对凶暴的军阀董卓，杨彪毫不畏惧，即便前者刚刚在朝堂上杀了人，也要据理力争。董卓则始终畏惧其声名，不敢轻易下杀手。在董卓死后，那些部将争斗，意图劫持汉献帝时，杨彪也是毅然挺身而出，一度落入贼手，差点遇难。

到了曹操挟天子以令诸侯的时代，这位枭雄却十分惧怕朝堂上杨彪那严峻的目光，想方设法要将其除掉，一度将其打入死牢，却有许多人前来相救，并以天下人心向背来警告曹操，最终曹操只有放人。

这是曹操都杀不了的人——清白之人。

反观与杨氏并列的袁氏，其家风就实在让人不敢恭维了。

杨氏在东汉是以“四世三公”闻名的门阀，也是以清白廉洁家风闻名的正气家族；袁氏则是以“五世三公”闻名，当然最出名的便是有了一个借着家族势力、打着讨伐董卓的幌子、想夺天下的袁绍与袁术了。

其实这个家族最初的几代人，倒也是颇有清白之风，如先祖袁安，就是以仁厚清廉、不畏强权而留名青史。在他面对凶悍外戚窦氏时，连连上书批判，并揭发捉拿许多作奸犯科的窦氏家人，窦氏每每以某某惨死来暗示威胁，他则是一点都不会退让，与杨震算是同道中人了。

其子袁敞也是以清廉闻名，因从不讨好权贵反而要得罪权贵，被罢免后愤而自杀，也颇有杨震之风。

但到了孙辈，这个家族原本的清白之风，却没能顶住从外界强压下来的污浊之气，家族许多成员都变得圆滑世故，乃至堕落为奸佞中人了。

如孙子袁汤，在杨家的杨秉不愿与专政的外戚梁冀同流合污时，他却选择了趋炎附势，并因此得到梁冀赏识，爬上了三公之位。

再到其曾孙一代，那就尽是些只想着怎么为袁家做官的别有用心之徒了。这一家的子孙，在外形上倒是颇为出众，个个都是高大伟岸，样貌不凡，穿上官服往朝堂上一站，很有些正气凛然的样子，但嘴巴却是管得很紧，从来都不会有杨家子孙的直言进谏，心中却是波涛起伏。故而在东汉末期复杂的政局下，袁家才能越做越大，到后来成了天下第一大家族，门生故吏遍及天下，都听他袁家的，不听刘家的了。

也正是因此，袁绍、袁术后来登高一呼，便有万人响应，因为那些响应者都是各地的官僚，都是从他们袁家出去的！

至于贪污腐败方面，袁家更是让杨家望尘莫及了。单看那袁术命都快没了，还想着大造宫殿做皇帝，就知道这一家人的家风沦落到了什么境地。

天理昭昭。

杨家清白，虽于乱世中多受磨难，却始终家门不倒，一直是世所闻名的大族，到了隋朝更成为天下之族。

反观那袁氏，先祖清白之风不要，却学那钻营之术，只为私家利益计，结果是没出几代，就尽灭于袁绍、袁术手中。

杨震与袁安二人泉下有知，当有如何一番感想？

17

曹操：奢靡不是我家人

“昔天下初定，吾便禁家内不得熏香。后诸女配国家，因此得烧香。吾不烧香，恨不遂初禁，令复禁不得烧香。其所藏衣，香着身亦不得。”

这段话出自曹操所著《内戒令》。大意是乱世稍稍有些安定后，我便禁止在家中燃香，后来女儿出嫁皇室，根据相关礼仪规定，才不得不破例，但我以此为遗憾，现在再次重申，家人不得燃香，即便是把香料带在身上也不行。

听起来有些费解。

要弄懂曹操这段话的用意，先要明白，染

香，也就是点一些香料来改善室内空气，在古代是有钱人家才能使用的手段，是一种奢侈之举，因为当时香料十分昂贵。而曹操在这篇用来训诫家人的《内戒令》中，强调他的这一禁令，其意就在于要厉行俭朴，凡是曹家人，都不得与香料这种奢侈品有染。

闻名后世的一代枭雄，居然连一点香料都容不得家人触碰，这是何故？这又是什么样的一种家风？

儿媳违训被赐死

其实曹操是一个相当俭朴的人。

虽然他在民间的形象并不比那个刘皇叔好，屡屡扮演奸臣角色，但在历史上，他有种种伟大的功绩，是一个极其杰出的人物，在家风家教方面也有不少过人之处，其中一点就是注重俭朴。

这倒并非他出身如刘皇叔一样贫寒。

恰恰相反，他出身于豪门权贵，条件优厚。

固然比不得杨震、袁安的家族那样显赫，但曹家在东汉末年的天下，也是一等一的大家族。

只不过名声差了点，因为其父曹嵩是通过给大宦官曹腾当养子的方式爬起来的。值得一提的是，这位宦官曹腾，也就是曹操的“爷爷”，虽然身份是大宦官，但政治操守却出人意料的高洁，清廉奉公，提拔了许多贤能人才。反倒是养子曹嵩没有传承养父的风范，官至太尉，却只顾忙着贪污受贿，以至于后来因为财宝太多，带在路上引起他人红眼，被杀人越货了。

有父如此，家教可知，毕竟那“爷爷”关系要生疏得多。

曹操幼年是混迹于京城中的一个纨绔子弟，生活奢靡不说，还经常惹下麻烦，别人畏惧于曹家的势力，才不敢发作。曹嵩便通过关系让曹操早早去当官，好让他有个消耗精力的去处。

那一年，曹操才二十岁。

不料这个二十岁的纨绔子弟，一到任上便焕然一新，廉洁奉公，俭朴清淡，颇有“爷爷”的气质，很快就被调去管理京城治安。对于那些横行霸道的权贵子弟，他打击起来则是毫不手软，一个铁腕人物的面目逐渐清晰起来。

经历了许多风波之后，曹操后来起兵，加入了东汉末年的战乱中。

既然是战乱，那么社会生产必然受到极大创伤，一切物资都显得宝贵，英明人物都会注重俭朴，以最大限度强化自己的实力，把钱财粮食浪费在几个人的衣食住行上那可是极大的错误。

原本就已去除奢靡毛病的曹操，到了此时更加节俭起来。即便他击败袁绍，横扫河北，也是一如既往地不改俭朴之风。

如他的衣服、被子都是用了十年也未更换，缝缝补补，补丁成堆。吃饭通常都是素食，若有荤菜，也只限于一道。用来盛放随身物品的箱子，竟然只是一个竹箱，与普通百姓所用一样，当时也有皮箱，不过都是有钱人所用的高价之物，曹操觉得那太浪费了……

他不仅对自己如此要求，对家人也不放松。其人治国严厉，治家更是如此。香料这种东西，不准接触，吃饭穿衣也要和自己保持同一个标准，结果就是家人请客吃饭，通通无鱼无肉。

有酒吗？没有。不仅没有，若是胆敢酿酒，

还会被处以重刑。

当时社会遭到极大破坏，粮食极度缺乏，人吃人的惨剧都时有发生，岂能还将粮食拿来酿酒？本为嗜酒之人的曹操痛感于此，便严令禁酒，谁还敢喝？

嫁女儿的话，除了不得不依照礼制办的奢侈品外，绝不能多加分毫，结果就是除了破例弄了点香料外，其他都是按照曹操的要求，搞得和寻常百姓嫁女差不多。

对于东汉后期盛行开来的厚葬之风，他更是极为反感。连下严令，要加以禁绝，自己死前的遗令中，更是要求家人不得厚葬，不得将金银财宝什么的弄到墓中。

若有某个不听话的家人，做了不听话的事情，曹操是否会真的施以重罚呢？当然会。

俭朴在曹家是不可违背的法令，谁知某天儿媳崔氏竟然穿了一件华丽的锦绣衣服招摇过市，让人议论纷纷："曹操不是宣称自己一家如何如何节俭吗？"结果就是崔氏被赐死。

常人或许觉得如此未免残酷，但换位到曹操

的角度，他所在的位置非常敏感，一言一行都容不得有失误，对家人更是要严加管教，才不致出现更大的祸患。一个在自己三令五申下还要明知故犯的家人，曹操难以找到宽恕的理由。

这就是曹家的难处，也是曹家的可贵之处。

反观那与曹操争雄一时的袁绍，本就是来自贪污世家，自己更是从小奢靡享乐，曹操曾与之为伍，但后来两人走上了不同的人生路。传说后者曾拿宝玉出来炫耀，引得曹操大为失望：原来对手的格局，不过是这样的浅薄，贪财奢靡之徒，如何能敌得过自己？

违家训子孙丢国

曹丕与曹植之争，也是三国历史上的一大奥秘所在。

曹丕胜出、曹植败走，原因很多，其中有一点，便是前者俭朴颇似其父，后者却在这方面做得很勉强，以至于露出许多喜好奢靡享乐的苗头，让曹操极为厌恶。

如曹植嗜酒，不亚于其父，却缺乏其父的自

制力。在父亲都严令戒酒的情况下，他还不改旧习，乃至某次曹操派他领军作战，出征前夜竟然喝得酩酊大醉，引得曹操大怒，若不是有意传位的亲生儿子，只怕就要人头落地了。

而那因为衣着华丽被处死的崔氏，正是曹植的夫人。

至于曹丕，就很节俭了。

衣食标准一如其父，几乎不饮酒，身边人也没有一个敢站出来挑战曹操俭朴之令的，在激烈的兄弟争位中，这些都是权重颇大的因素。

曹丕也并非刻意为之，这其实是他传承了俭朴家风的结果。故而才会在继位之后，一如既往地奉行俭朴，还多次严令要推行薄葬，制定出了薄葬的具体实施方式，将曹操的家训精神发扬光大。对于胆敢违背家训的子孙，曹丕更是诅咒道："不忠不孝，使死者有知，将不福汝。"

不料这份传承，到了曹操的孙子曹叡那儿，就开始变味了。

这个曹叡在位的时代，正是诸葛亮多次北伐征战的岁月。

本来要应付如此强敌的进攻，国家是不可以盛行奢靡之风的，战争还远未结束嘛。曹叡却根本就等不及，刚刚继位就开始大兴土木。曹操当年连一床被子都舍不得换，他的孙子却换了多座宫殿，新建的都是规模非同一般的奢华建筑，史称“大治洛阳宫，起昭阳、太极殿，筑总章观，百姓失农时……”

除了宫殿，曹叡还大肆圈地兴建皇家园林供他玩乐。工程浩大之时，征发数万农民来建都不够，他便强调百官上阵，乃至太学里面的学生都要前来卖劳力，为了作个“表率”，这位帝王也装模作样地背了两筐土。

为了自己享乐，不惜屈尊降贵去背土，在古代帝王之中，倒真是罕见。

皇家园林这种地方从来就是帝王一个人腐败的场所，百姓禁足之地，曹叡更有严令，若有擅闯者，杀无赦，若有射杀园林内动物者，杀无赦……

我看要是曹操复活，会先把这个不肖子孙杀无赦！

历代腐化帝王享乐的模式，其实也就那几种花样，修宫殿、养美女，曹叡大修宫殿的同时，也大收美女。为了满足自己，他大量强占民间有姿色的女子，即便是已为人妻也要抢来，可谓一个强盗，史称“帝自初即位，便淫奢侈极欲，多占幼女，或夺士妻，崇饰宫室，妨害农战，触情恣欲，至是弥甚，号令逆时，饥不损役”。而这个强盗又自诩高雅，还从美女中选些有文化者，封以女尚书的官名，甚至容许她们涉入朝政，荒淫至极。

原本在当年曹操的铁腕之下，曹魏的风气是极为俭朴的，那些臣子更是以此为做官之道。如主管监察工作的华歆，位高权重，却不好钱财储蓄，基本所需之外，全部拿来周济穷人，家中存粮都不过一石。还有许多官员，都学那东汉杨震，步行上班，不置车马。至于粗衣素食、廉洁奉公的官员，更是普遍。

这样一群臣子，当他们面对一个完全不同于曹操、曹丕的曹叡时，有何反应？

自然是以先帝故事加以告诫。

如曾在曹操身边为官的高堂隆，到曹叡时代已是重臣之一，他就反复以当年亲眼所目睹曹操的俭朴事迹来告诫曹叡，不可乱来。这位博学多才的人后来又结合历史上的成败得失告诫曹叡，曹操之所以如此，绝非仅仅是一种个人偏好，而是有着深刻政治考量的家风、国风，曹家为曹魏之主，岂能不加以严格遵循？

又如曾在对抗东吴的战争中立下奇功，被曹操赏识重用的蒋济，以三朝元老的身份对曹叡大兴土木、强抢民女的行为多次劝阻，他甚至直言曹叡的子嗣大多夭折，恐怕就是纵欲过度，违背了天意所致。

但不管这些老臣如何说，曹叡就是不听，反而变本加厉，遇上灾荒岁月也不管百姓死活，继续大修宫殿。尤其是在诸葛亮病死之后，自认为去了一大敌手的他，更是全身心地投入腐化生活中。

那么老臣们又当作何感想呢？

失望，极度的失望。失望之余，他们的效忠之心便会渐渐地消散。

这些人，都是家世深厚的大地主大官僚，自己为官，手握大权，子孙也是继续世袭，曹魏的江山，是他们与曹家人共有的。

这些人，又多是饱读诗书的儒学之士，在三国分裂时代，还是颇有些治乱平天下的抱负，对于一个俭朴奉公的曹操，除了实力上的屈服外，更有一种品格上的认同。

曹叡在他们眼中却已非曹家人了。

结果就是，曹叡死前的托孤之臣司马懿，心中其实早已不屑于为这个王朝卖命了。

可怕的是，曹叡的子孙也是与他同道，而不与他们的先祖曹操同道。

继位者曹芳，八岁登宝座，是东汉后期少儿皇帝的翻版，不管朝政，只知玩乐，大权落在他叔叔曹爽手中。

这个曹爽其实并非曹操嫡系子孙，其父曹真是曹操的养子，不过感情十分深厚，不亚于亲生子嗣。曹真也是为曹魏政权立下了汗马功劳的人物，被视为宗室之中的柱石，也多受曹操家风感染，廉洁奉公、勤于国事。不料到了曹爽一代，就随着曹操嫡系子孙的堕落一起堕落了。

起初曹爽忌惮司马懿的势力，行事还比较谨慎，但在他自以为高明地将司马懿架空、大权独揽之后，便觉得曹魏的天下已都在他一手掌握之中，便开始飞扬跋扈起来。此时经历曹氏三代苦心经营，曹魏国力有了极大的恢复，三分归一的态势已经隐隐浮现。物质上的丰裕给飞扬跋扈的曹爽以许多奢靡享乐的机会，他不仅仗着自己的威权向各地强行摊派索取，进而还胆大到将自己的衣食住行规格上升到皇帝的层面。最为猖狂之时，居然将后宫先帝的妻妾强行带走，供自己淫乐，看来此人不仅是完全忘记了曹操说过什么，甚至都对曹操打下的江山有了一些蠢动的念头呢！

他如此胆大妄为，围在他身边的一群幕僚也不遑多让。如其宠信的何晏，不仅强占大量国家土地作为私产，还狐假虎威，也向地方上摊派索取。

当然，曹氏子孙也不是全都如此腐朽堕落，未忘记曹操开国之艰辛、家训之真义的人也还有一些，如曹爽的弟弟曹羲，就觉得如此下去是自取灭亡，多次劝诫，还特意作文告诫兄长，奢靡腐败只会带来祸害。但曹爽早已堕落成性，哪里听得进去。

你堕落，司马懿可没堕落。

这位野心家在暗中进行着一个政变的计划，最后在曹爽一次兴高采烈的出城旅游之时成功发动起来。

早已对曹氏子孙失望至极的那些臣子，并未在这个关键时刻站在曹家一边，他们看似中立实则倒向司马懿的一边。

于是，曹操当年艰苦创业的成果，就这样在不肖子孙的“努力”下，落入了司马家族的手中。

18

范仲淹：莫营私利做清官

“汝守官处小心不得欺事，与同官和睦多礼，有事只与同官议，莫与公人商量，莫纵乡亲来部下兴贩，自家且一向清心做官，莫营私利。”

这句话出自北宋范仲淹的家书《告诸子及弟侄》。大意是告诫后人，如果将来为官，一定要小心谨慎，忠诚无欺，不能纵容家人倚仗权势经商发财，自身做官更是不能贪图私利，要清正廉洁。

范仲淹乃是北宋名臣，一句“先天下之忧而忧，后天下之乐而乐”让他成为中国古代知识分子之典范，要做到这十四个字，首先就要为官之人清廉，不贪一时之乐，能忍一时之苦。这样一个人，在家风建设方面，必然也会突出清廉、强调清廉，范仲淹的家训，正是他的本色。

且看一看这位本色君子和他的后代关于清廉的家风故事。

为传家风建义庄

范仲淹的家风传承与许多古代名人有雷同的一面，那就是渊源颇深。

范家自先祖开始便是尊师重教、强调德行。从唐朝开始，这一家便算得上是书香门第，历代都有学而优则仕的人物，有的官位还比较高，做到了宰相级别。同时也早就立下了清廉刚正的家风，如曾做到唐代宰相的范履冰，人如其名，为官态度如履薄冰，从不敢愧对先祖、有辱家门。他一生廉洁俭朴、忠直敢言，最后因屡屡进谏惹怒武则天而被迫害致死。

不过又有不同的一面，那就是这段渊源有过一段时间的中断。

范仲淹年仅两岁时其父便去世，由于家境贫困，孤儿寡母无处可依，母亲只得改嫁一朱姓人家，范仲淹也因此改名为朱说。

其父死前为官多年，还曾担任相当于机要秘书的要职，当是一位遵循家风的清廉官员，否则也不至于让他夫人和儿子如此窘迫潦倒。

但范仲淹的家风传承从此就中断了。

继父也在公门之中做小官，父子之间的感情如何，不得而知。但范仲淹幼年读书时曾寄居于寺庙之中，缺衣少食，不得不将冷稀饭划作几块，在不会饿死的情况下尽可能限制自己的食欲，由此可以推断出他和母亲在朱家的处境。另外，朱家兄弟不少，恐怕也不太会给这个“外来子”好脸色看。

范仲淹一定吃过许多苦头。

由此也可以理解在他考取功名之后，便毅然要将母亲从朱家接出，并恢复姓氏。

若按照笔者在《历史名人晚节不保启示录》中提到过的李绅那般作为，范仲淹应该还要处心积虑地采取一些后续的报复措施。

但他没有。

反而是在恢复姓氏、分家而居后，还时常与朱家兄弟书信往来，嘘寒问暖，并在自己的能力范围内进行一些扶助。

廉则心宽。

在范仲淹看来，恢复自己姓氏，是一种家门责任，不容逃避，但那并非意味着同时就要与朱家人站到对立面去，过去的一切不愉快都让它过去吧，如果这点事都容不下，何谈“先天下之忧而忧，后天下之乐而乐”？

家风中断多年，范仲淹却似乎一直未忘，或许是母亲教导，或许是从书中悟出大义，总之他自为官开始，便谨奉清廉二字，成为那个贪官横行的时代中一个另类的存在。

第一份工作距离家乡颇远，范家此时又并不团结，否则当年也不会不顾他们孤儿寡母进了朱家的门，故而范仲淹需将老母接到身边赡养。立即便有“好心”的下属为这个目前比较穷的新官凑了些路费，范仲淹却予以婉拒，下属问及路途漫长如何解决，范仲淹笑答卖马步行即可。

下属大惊。

此时北宋开国已有七十多年，贪污腐败成风，再小的官都要弄个车队来炫耀，范仲淹却要卖马步行，还是去接母亲，在一些“聪明”的官员看来，这正是假借孝顺名义行贪腐之事的好机会呀！

范仲淹却一点都没有贪腐之念头。

他不仅不贪腐，还始终觉得朝廷发给自己的俸禄太多太丰厚，自己的所作所为根本对不起这些民脂民膏，哪里还敢有贪腐的念头？

如他曾写信给上司，谦虚地称自己不过一个小官，却一年享受多达三十万的俸禄，相当于当时老百姓耕种两千亩田地一年所得的收入，实在是受之有愧。

又如他在觉得朝廷发放俸禄太过丰厚的情况下，觉得自己若不尽忠职守，加倍勤劳，那么就是大大的罪过，寝食难安了，结果养成了一个习惯，那就是每天晚上休息前都要算一算账：“自计一日食饮奉养及所为之事”，算下今天花了多少钱，自己又做了多少事，付出了多少，如果付出的少于花费的，那么第二天就要加倍工作弥补回来。

这绝非某些官场钻营者的“苦肉计”，而是一种真诚的良心表露，也是他自幼苦难经历的深刻体会。他知道百姓之不易，也知道财富之来历，深深敬畏，唯有奉行清廉，不敢背离。

在这种敬畏之下，他一生的仕途都与荣华富贵无缘，即便自己后来高居宰相之位，依旧是布衣素食，只有贵客来吃饭时才会难得地加上一道荤菜，他更没有添置房产或者田产的爱好。

那么他的钱去哪儿了？救人。

救穷困百姓，更救穷困读书人。

皇帝曾封赏他百两黄金，他用来周济穷人，买地办学，兴建起一座苏州府学，教化之功，极为出色，引起朝廷注意，下令天下效仿，苏州一地更是从此文教大兴，状元辈出。

到了晚年，按照当时的官员风尚，大多要为自己养老找个好去处，一般都是去繁华的洛阳买下几处豪宅以及一些歌姬来“养老”。范仲淹的一些学生也劝他早作安排，还有人要出钱帮他在洛阳买下一处奢华的园林，供他养老之用，他则表示："一旦取其物而有之，如何得安？"——你让我住这么奢华的地方，让我如何心安？隐隐有些责备之意呢。

那么范仲淹对于养老的事情，到底是如何安排的呢？

他将自己的余财都拿来在家乡买了一千多亩良田。

想通了？他是想通了，他想通了自己清廉一生，无愧于天地，却难保后世子孙也能如此。

人生于社会之中，终究需要基本的安身立命之地，先贤有语"仓廪实而知礼节，衣食足而知荣辱"。穷困潦倒之下，难免有违规之举，切莫苛求个个子孙都是圣人，那不是家庭教育应有的乐观精神。再想想当初范家分崩离析之下，无人来过问他们孤儿寡母，若不是自己发愤苦读，又未遗忘家风传承，难保为官之后不会堕入贪腐一途，这种寒门贪官的例子可不少。

家门不兴，家风不振；家风不振，家门不兴。

想通了此理的他，将这一千多亩良田无偿捐出来，成立了一个“范氏义庄”，由范氏族人共有共管，救济穷困族人，避免自己当年孤儿寡母的事情再度发生，同时也会周济附近其他穷人。

堪称古代的基金会。

而这个基金会的寿命之长，大约也是世界纪录了。从范仲淹创立开始，存在了八百余年，到清朝末年，由于历代子孙的捐赠，其田地已多达五千余亩。

对于基金会内部的管理，范仲淹则定下许多规矩，其中之一便是要管理者清廉行事，若有贪污挪占之举，则族人可以将其驱逐。

历经改朝换代，无数战乱，这个基金会却越发兴旺，因为那是灌注了范仲淹清廉精神的一个组织。

这也是一个有生命的组织。

生于此、长于此的范氏子孙，自会将范仲淹的精神传承下去，发扬光大。

家族兴旺世代贤

范仲淹子孙颇多。

以他的地位，这些子孙成长的环境当完全不同于自己吃冷稀饭的年代。

事实却是相差无几。

如其爱孙范正平，求学之地离家远至四十里，大约是家中要求，不得入一个近距离的高档官学吧，那么如此遥远，是如何往返的呢？当时已官居宰相的范仲淹可不会给爱孙配置车马，而是和贫寒人家的孩子一样，穿着布衣草鞋，自行往来。

这种艰苦条件却锻炼出一个清廉刚正的孙子，后来面对大名鼎鼎的奸臣蔡京强占民田之举，这位范正平毫不畏惧，秉公执法，判定蔡京知法犯法，处罚二十斤黄金。

蔡京自然是怀恨在心，处心积虑要报复，后来找到借口，将范正平打下大牢，却始终编造不出足够“真实”的罪状将其处死，最后只能在大赦之下出狱，但范家因此受到连累，被奸臣迫害致死多人。

清廉，当然需要代价，在奸臣当道的暗弱世道，这代价就是要以身相抗。范仲淹泉下有知，既会为冤死的家人而哭泣，也当为有如此好子孙而宽慰。而他的儿子范纯仁，更是被评价为“位过其父，而几有父风”的一代廉臣。

范仲淹初次为官，拒绝下属的好意。范纯仁初次为官，则是直接打击有“背景”的贪残官吏。

他以县令身份到任某地，恰好当地有一个军用牧场，由禁军管理。这些号为北宋精锐的武装力量，到了此时其实已是一群军纪涣散之徒，牧场的军官和士兵时常纵马狂奔，肆意践踏民田。

无人敢管，所以才如此嚣张。

待到范纯仁到任，却一改前任的盲人做法，立马就抓了一个正在赛马的禁军士兵进行严处。

牧场军官大怒：“你知道这是谁的牧场？谁的兵？你一个小小的县令，也敢管？”

范纯仁答曰：“我只知道供养你等的税赋都是老百姓的田地所出，你把老百姓的田地都踩烂了，谁来养你？”

军官哑口无言，告到皇帝那儿，皇帝则下令，从此军用牧场都归地方管理，禁军不得乱来。

想来那些前任一是不敢管，二是收了不少好处，所以得了盲人病。但范纯仁深得家风真传，自幼俭朴清苦，根本就不会吃你那一套，利诱威逼都没用，他只知道为民而思，为民而行。

其清廉俭朴，也可从他的日常生活中看出来。范仲淹布衣素食，他也是如此，以至于被时人美称为“布衣宰相”。曾有一个美好的笑话流传：一人去范纯仁家中“赴宴”，归来称范氏家风没落，原因是饭菜中多了几颗肉丁，而不是以前的全素了。

这个笑话是在以范家的俭朴清廉，深深地讽刺那些一顿饭就要吃掉几百两银子的贪官污吏啊！

值得一提的是，范纯仁与另一位名臣司马光同朝为官，两人都以清廉俭朴闻名，私交也颇好，结果两人你来我往时的交际花费就成了千古传颂的清廉俭朴教材了。在他们聚会时，酒菜都十分简单，重点在于精神上的交流，吟诗作赋、纵论古今，率真实在，被称为“真率会”。千百年过去，那些大鱼大肉的贪官盛宴早被人忘记，“真率会”却长存于许多人的心中，清代学者赵翼就曾感慨地写道：“别后定知真率会，也应为我一停觞。”——以后碰上这种廉士相会的事情，不要落下我啊。

范纯仁秉承父训，以清廉立身，在官途上，也不可能为了荣华富贵去做一些有违操守乃至损害国家的事情。如他曾从实际出发，对王安石变法的一些弊端提出反对意见，因此被外贬。后来交好的司马光主政，全面废除王安石变法，一些奸佞小人更是趁机诬告王安石一派，以此往上爬。范纯仁则反其道而行之，不仅不干落井下石之事，反而提出王安石变法并非一无是处，有许多利国利民之处可以保留，引得许多人都很费解。

又有何费解之处？

清心做官，莫营私利，如此家训之下的范纯

仁，与许多的范氏子孙一样，都是从公而非私的角度出发来对待仕途，对待他的官帽。一时的物质享乐、权势荣耀在他们眼中并不具有超过清廉的分量，他们不仅认同“先天下之忧而忧，后天下之乐而乐”的理念，更是在切实地做。

有这样的家风、这样的子孙，也无怪乎在家族已经普遍呈现出衰落迹象的北宋时代，范氏却逐渐兴旺发达起来，家风清廉刚正，与范仲淹创立的义庄一道，延续至今。

19

包拯：家门不容贪腐者

“后世子孙仕宦，有犯赃滥者，不得放归本家；亡殁之后，不得葬于大茔之中。不从吾志，非吾子孙。”

这句话乃是北宋名臣包拯的遗训。大意为训诫后世子孙如果为官的话，一定要清廉自守，违者生时要逐出家门，死后不得葬入家族墓地中。如果后世子孙不遵从自己的这条遗训，那么就不是我包拯之后！

与那些篇幅颇有规模的家训相比，包拯的家训可谓短之又短，而且只论述了一点——清廉。

在后世传说中被神化为“包青天”的包拯，

为何只留下如此一句家训？是否与他所经手的那些贪腐案件有关？还是家风传承使然？

举世皆浊我独清

包拯出生那一年，正碰上辽军大举南侵。当时北宋第二代帝王宋太宗刚刚去世，继位的宋真宗还没怎么熟悉情况，辽军趁机来犯，骑兵长驱直入，北方宋军大多只能退守城中，任其铁蹄蹂躏大地。

辽军兵锋一度深入山东济南一带，离包拯的故乡庐州并不太远，如果继续打下去，那么包拯有可能小小年纪就夭折于战火之中，也有可能离乡背井成为一个流民。

幸好这场战争结束了。

在他五岁时，宋辽缔结澶渊之盟，此后一段百年和平降临。

包拯遇上了一个太平时代。

虽然澶渊之盟的本质就是给人家付钱消灾，对于大宋王朝而言，这种方式很有些伤颜面，但从另一方面来讲，宋辽两国的老百姓确实因此逃过了战祸之苦。太平时代与战争年代的区别，太多太多。“宁做太平犬，不做乱世人”，总的来看，当然是太平远好过战争，经济繁荣、文化昌盛这些都是太平年代才可能发生的事情。但凡事有利有弊，封建王朝的太平日子过久了，也会有一些毛病，比如社会风气会逐渐变得奢靡浪费，官员队伍的腐败指数也会有显著上升。

尤其是喜好享乐、手拿高薪的北宋官员，更是很快就变成了遍地的贪官污吏。

在这样一个时代中成长起来的包拯，可以说自小便接触到了繁华，也看到了繁华之下的污秽。

他的家世还算显赫，祖上虽然没有什么明显的仕途经历，但比较有钱，算是中等规模的地主。而到父亲包令仪时，便开始出入朝中，在多个职位上干过，其中包括敏感的钱粮财政事宜，为官当是颇为清廉，让出身大户人家的包拯并未生来骄矜，而是深受父亲的言行熏陶，很小便有了明确的善恶判断。

其家教也十分优良，在四书五经上的训练也

早就展开，故而天资不错的包拯得以在二十九岁时便一举考中进士，还是名列前茅。仕途的第一份官职就是差不多等于六品的县令，在当时算得上罕见，前途不可估量。

包拯却因为“父母在，不远游，游必有方”的古训而暂时放弃了这段锦绣前程，回去侍奉他那多病的双亲。

由此也可以看出，他根本就非贪图功名利禄之辈。

这一暂停就是十年。

七年之后，父母离世，包拯按礼守孝三年，之后，他再度踏入仕途。

在这十年时间中，看似远离仕途的他，其实一直在思考自己将来的官要怎么当，并写下一首诗来明鉴自己的思考结果，其中便有“毋遗来者羞”一句，意为做官不能留下骂名让后人蒙羞。

已有几分开篇那句家训的精神。

他做了差不多二十六年官，地方、中央都干过，一度还做得颇大，到了副宰相级别。虽然后世各种传说中，他化身为一个能断各种疑难案件的神探，但在历史上，断案其实并非包拯的主要工作，更多的时候，他是作为一个类似魏徵的谏臣而存在。

当时北宋皇帝乃是宋仁宗，治国也不能算是无方，各方面都很有成绩，从他死后那一长串谥号就看得出来：仁宗体天法道极功全德神文圣武睿哲明孝皇帝——全是好词儿。在历史上，他所在位的时间也被称为“仁宗盛治”，真是一个太平盛世呢。甚至还有记载称，这位太平明君的威望让那辽国皇帝都极为仰慕，听闻其去世的消息，痛哭流涕，不仅为其在遥远的北方修了一个衣冠冢，还遗令后代辽国皇帝都要将这位宋朝皇帝当祖宗一样供奉……

但事实上，在这位明君治国期间，北宋官吏队伍的腐败问题极其严重，最严重的问题则是他对严重的贪腐问题根本无法解决，乃至索性听之任之——随便你们混，反正这是太平盛世，不缺钱让你们贪。

太平盛世的富裕能不能填饱天下贪官之胃口？宋仁宗或许觉得没什么问题，但有一个人觉得很有问题。

包拯。

在他做监察工作时，就多次就一些贪腐问题直接向宋仁宗发起建议乃至批评，有时这种批评强烈到了“逆龙鳞”的危险程度。

如当时有一个贪官名叫王逵，所到之处不仅横征暴敛，还用残酷手段对待起来反抗的百姓，乃至激起了武装暴动。结果他一调走，当地老百姓就张灯结彩、欢呼送走了瘟神。对此上级不但不予以查处，反而还连连高升，甚至将多个重要官职都弄给他来兼任。

显然朝中有人。

此前也有人检举揭发他，但都是不了了之，到了后来“识趣”的人也学宋仁宗，听之任之了。

包拯来了。

他对这个土匪一样的官员连续发起七次控告。

之所以次数如此多，就因为那王逵也不知哪里来的本事，找了一个什么样的神秘后台，每一次被控告后，宋仁宗都是打哈哈了事。实在是糊弄不过去，就草草地撤两个职了事，不久却又给他添加上更多的职务。

按照北宋官场的规矩，如此一个明显很有来头的官员，包拯你就不要继续纠缠下去了。但在包拯看来，正因为你是一个如此有来头的贪官污吏，我才非要将你告下去。

最终还是没有告下去。

包拯应该灰心了吧？

不可能。

他之所以留下那样一番家训，就因为他对清廉的看重，让他不会因为帝王的昏庸而封起自己的嘴，他要尽到他对清廉的那份责任和义务。

此后他依旧是本性不改，屡屡向宋仁宗“发难”，甚至有时争论到君臣二人面红耳赤，口水都喷了人家一脸。

在监察工作之外，那些贪官污吏、达官贵人更是一听到包拯的名字就浑身不爽。他自己过得清廉俭朴，两袖清风，行贿送礼通通不管用。对于同僚那些“生财之道”，则是深恶痛绝。须知当时官员贪腐严重到了一些压榨百姓的事情，竟然都变成了一种公开的制度在施行，如名为科配的杂税，就是地方官员在征收常税时可以随意加派，流入自己腰包。包拯不收这种民脂民膏，也容不得那些贪残官吏收。在成功劝说宋仁宗罢免几个地区的科配杂税后，进而要求罢免全国范围内所有此类贪污项目，引得朝野震动，贪官污吏无不咬牙切齿。

当这位清正严明的官员出任相当于首都市长的权知开封府时，更是以雷厉风行的手段给那些为非作歹的权贵好好地上了一课。天子面前权贵多，开封便是如此，这些人喜欢附庸风雅，便在城内河流上修起不少亭台楼阁，以在那里嬉戏打闹、吟诗作对，结果多到了堵塞河道的程度，一来大雨，河道便形成了洪水，祸害极大。

这些违章建筑因为主人的身份高贵，历任首都市长都很“识趣”，只有等到不“识趣”的包拯一来，立马拆了个干净。

知道这是个连皇帝都敢批的棘手人物，便有权贵想“依法办事”，拿出地契称这是朝廷批了的。你不拿出来还好，一拿出来就被包拯识破真伪，还进而直接告到了皇帝面前去，吓得生事者赶紧跑到宫中求饶去了。

其为官如此，其所经历的北宋官场又是如此腐败，也难怪他会在家训中严厉告诫子孙不得违背清廉二字。

他担忧子孙在这种环境下沦为贪官污吏啊！

子孙代代传美名

包拯有子二人，不过长子包繶早逝，继承者乃是其次子包绶。

包绶乃是包拯老来得子，在其去世时，年不过五岁。

虽然家中人丁不旺，但包家门户颇大，按照当时的风俗，过继一两个子嗣给包拯不成问题，但事实却是包拯死后丧事都很清寒，未见有亲戚好友前来帮衬的记载。大约与包拯的这些亲戚曾经仗着包拯的名头在家乡为非作歹，却被包拯严惩有关。看来不仅他立下的家训并未被这些人所接受，甚至连起码的亲人之情都没留住几分，真是遗憾。

但他有一个好儿媳。

其儿媳乃是崔氏人家，在自己的夫君也就是包拯长子早逝后，她并不缺少改嫁的条件和机会，但她似乎不忍见如此一个清廉好官孤独终老，自愿留于包家，更将年幼的包绶视若己出，辛苦抚养，更悉心教导其不能忘了父亲的教诲。

不过包绶并未有饥寒交迫的童年。

因为宋仁宗前来吊唁这位老臣之时，发现其虽然位高权重，却是那样清贫，留下孤儿寡母，更加显得可怜，于心不忍之下，便厚赏了许多财物，还直接让小小年纪的包绶享受他哥哥的官职待遇。

与同龄人相比，不用考试便能自幼当官的包绶，可算是“官二代”了，但他却不会长成当时许多腐化堕落的“官二代”那样，因为他那监护他的嫂母，一直以父亲的精神特别是父亲的家训，在训诫他、指引他。

北宋取才，注重科举，像包绶这般直接继承而来的官员，其实并不为朝廷所看重，只是在经济上、名誉上的一种特殊待遇。但包绶得到了父亲生前好友、宰相文彦博的帮助。这位文彦博是历经四朝、为官近五十年的资深朝廷人士，有精深的从政智慧和广泛的人脉网络，特别是性情谦和，待人接物很有贤者风范，对于包绶更是指点甚多，是他的一位良师。而成人之后得以出任地方官员的包绶，在真正踏入仕途时，也没有让人失望，一到任上，便展现出清廉严正的包氏风范，既不会摆“官二代”的架子，也不会对人逢迎，在干出了一番政绩的同时，也为自己博得了一番好声名。

在多人推荐之下，包绶又调入朝中为官，经过一段时间考察，再度外放，多有政绩，清风所至，无不赞叹这是“名臣之后”！

遗憾的是，这位颇有其父之风的好儿子，却在四十七岁时就匆匆离世，当时他还在赴任的路上。遗物除了朝廷任命的文书和一些书籍外，钱财部分竟然只有四十多枚铜钱！

当时北宋官员普遍腐化，史称“廉吏十一，贪吏十九”，也就是十个官员九个贪。连区区一个小县的县令，搬家都要大船七八艘装上金银财宝。死前已经位居掌管一州钱粮事宜的包绶，却只随身带了如此少得可怜的铜钱。

奇怪的是，这样一位好儿子，死后却未能归葬父亲身旁。

他没有违背家训啊！

正是因为他严格遵循，甚至可以说是发扬光大了包拯的家训，他才穷到死后家人无钱财将其遗体送回故乡归葬！

直到其子孙长大成人之后，才凑得钱财，将父亲葬回故乡。

包拯的孙子包永年，也是深得家训精神的一位好子孙。

虽然这位子孙并未做什么大官，都是县级左右，但清廉美名却是广为人知。由于对地方百姓多有造福，其调任之时，百姓自发起来送行，拉住其车马，依依不舍，这一幕经典的古代百姓送别好官场景，会发生在他身上，就是因为百姓都觉得此人真不愧是包拯之后："包公之后，信乎有是贤孙也！"

令人叹息的是，这位包家子孙走得也颇早，四十来岁就离世而去，否则以他的才干和清廉，在北宋政坛当有进一步的发展。

他去世之时，也是极为清贫，史称“了无遗蓄”，其丧葬事宜，还是亲朋好友襄助才得以归葬。

此后，包氏子孙历代皆有出仕为官者，且世代清廉，一直牢记先祖的遗训，贪腐二字在这个家族找不到半点生根发芽的空间。延续到今天，这股精神已经化为中华民族廉政文化的一部分，包拯也从一个主管监察的官员，演化为家喻户晓的正义代表。

20

司马光：贪婪多欲身必败

“御孙曰：‘俭，德之共也；侈，恶之大也。’共，同也；言有德者皆由俭来也。夫俭则寡欲，君子寡欲，则不役于物，可以直道而行；小人寡欲，则能谨身节用，远罪丰家。故曰：‘俭，德之共也。’侈则多欲。君子多欲则贪慕富贵，枉道速祸；小人多欲则多求妄用，败家丧身；是以居官必贿，居乡必盗。故曰：‘侈，恶之大也。’”

这段话出自宋代司马光的一封家书。大意是训诫子孙要明白勤俭节约背后的道理，那就是勤俭者欲望淡薄，在人生的路上受物质条件左右的程度也小，不至于为了求财去犯险作恶，自然可以过得平平安安，道德修养自然也高。反之，不能固守勤俭，欲望太多，那么当官就必然是贪官，做民就必然是作奸犯科。所以勤俭寡欲是美德之源，奢侈多欲是万恶之始。

虽然一提到司马光，很多人就会想到“砸缸”，或者还会想到反对王安石变法的那个“顽固派”，但事实上，此人乃北宋时期极其杰出的人物，不仅一度位极人臣，当上宰相，还编成一部巨著《资治通鉴》传世。

更加令人感慨的是，一个在当时如此显赫的大人物，在生活上却是相当俭朴，为官也是十分清廉，更注重将这种品性传承下去，所以才会在家书中强调俭朴的重要性，并告诉子孙并非为了俭朴而俭朴，那是一种人生大智慧。

这种大智慧也不是司马光一人的“发明”，其实那也是他受家风熏陶使然，这一家的俭朴家风，可以一直追溯到司马懿的时代……

父视钱财如包袱

司马光在家书中曾表明自己的家族是“寒族”，也就是社会中下层。但按照司马光父亲司马池的说法，他们不仅不是“寒族”出身，还有相当深厚的家世。

先祖司马孚，乃是司马懿之弟。

虽然在《三国演义》中名气一般，但在真实的历史中，这位司马孚是曾与司马懿并立的曹魏重臣。其性格谦恭温良，虽权势非常，却不以为喜，反而终日怀忧，更不敢搞什么奢靡腐败，生活十分严谨，临终遗令，葬礼从简。

无论司马池所言虚实如何，司马光却不以此来自我拔高，自称“寒族”，可见其在谦恭方面，确实颇有司马孚之风。

不过司马池其实也并非喜好乱认祖宗、攀附虚名之徒，他恰恰是给予司马光最多教导的关键人物，家风方面尤其如此。

司马池的先祖都是当大官的，死后留下许多财产，看来他们确实俭朴，但另一方面似乎也比较守财重财。传到司马池手上时，情况就完全不一样了。父亲早逝，提前成为巨大家产的继承者，司马池却一点都没有改变自己原本的兴趣爱好。他好读书求学，不好钱，钱越多，他越觉得不妙，索性转给那些同族的叔叔伯伯。

叔叔伯伯欣然受之。

司马池也很欣然，因为他从此便无须挂念钱财的事情，可以埋首治学。当然他必然有最基本的生活维持经费，是在衣食无忧的情况下进行这笔大宗财产转移。没了金钱之累，心无旁骛的他，学业一日千里，二十多岁便考中进士，取得做官入仕的资格。

他当然也不会为了升官发财而读书。

做官之后，他依旧是对钱财毫无兴趣，只对如何施政利民、学以致用抱有浓厚兴趣。结果因此与那些贪官污吏合不来，被当作异己存在，一再下贬。到了地方上，这位两袖清风的才子却反而得到一展所长的机会，屡屡有出色表现。尤其是某次朝廷征收毛竹修宫殿，许多不产此物的地方都不知如何是好，只有司马池依靠其知识和头脑，连夜从出产地购来大批毛竹，送到京城，成为唯一一个按时完成任务的地方长官。

司马光就出生于此时。

其父由此得到一些爱才者的推荐，到中央为官。皇帝一用，也觉得此人不俗。但司马池也引来不少忌恨目光，他的清廉性格也与崇尚奢靡的北宋官场显得是那样的格格不入。大约心中升起当年司马孚之忧，皇帝再要给他升官时，司马池极力拒绝，引得皇帝惊叹："别人做梦都想升官，唯独你却做梦都不想！"

结果就是皇帝强行给他升，而且升得更高。

摇头苦笑的司马池，只得遵从圣命。他倒不会消极履职，而是只要到任就兢兢业业。这名出色的官吏后来被所在部门推荐提升，皇帝一看乐了："这不就是当年拒绝升官的那位吗？"

司马池因为表现优异，外放地方为一方大员。不久却因为他那清廉性格，惹得一些想贪污国家钱粮的官员不满，便编造出十多条罪状上告朝廷，结果司马池再度被贬。岂料告黑状者自己很快就东窗事发，便有朋友将此"喜讯"告知司马池，要他趁机也告状报仇，司马池却淡淡地说道："我做不来这种事。"

这就是君子。

有这样一位君子为父、为楷模，司马光自幼所受熏陶自然是刚正、清廉、俭朴。其实司马池对这个儿子的训诫一直十分严格，要他以诚以信做人、以俭以廉立身、以勤以苦治学。由于司马池一生多地为官，司马光也跟随他四处移居，并由此见识许多不同风物，接触许多不同人物，绝非一个古板的书呆子，其聪慧得到了极为有效的开发，砸缸之事发生在他身上，又有什么值得惊奇的呢？

父亲有两位至交好友，张存和庞籍，都是朝中高官，也都是清正廉洁、刚正不阿的同道中人，结果一个后来成了他的岳父，一个后来差不多成了他养父（司马池早逝）。

在如此优良的教导之下，二十岁时的司马光便考上了进士，开始踏上了仕途。

天下以为真宰相

司马光的仕途并不太畅达，虽然他的父亲早有盛名，自己又是神童，还有庞籍这样的前辈赏识。他在年轻时，都是在中央做一些文字工作，或是在地方上担任一些并不太显赫的官职。但他并未因此有什么焦虑和不满，反而是在工作之中始终致力于学问，并对史学产生了浓厚兴趣。

而他的生活，也是一如其父那般俭朴；为官，也是一如其父那样清廉。

须知北宋立国有一大思想，“厚待士大夫”，操作上就是实行现在的“高薪养廉”。司马光的官职虽然一直不大，但薪水待遇却绝对不薄，以其曾任多年的通判一职考察，除了正常的工资收入外，还有大量衣服、米粮、茶酒、薪炭、盐、恩赏、仆从等补贴，朝廷甚至提供多达一百多亩的所谓职田来当福利。

在这种国策鼓励下，北宋官员多喜好享受人生，于是便有寇准那样的代表出现，一顿饭不花个几百上千万都不好意思招待客人。

司马光偏偏就不喜好这一套，布衣粗食，钱财多拿来周济穷人，生平所好就是读书、藏书，在这方面，他倒是算得上天下首富，手握数千册藏书，在千年前的时代，这是相当惊人的数字了。

当时还有一个人，与他同样的俭朴清廉——王安石。

两人因此成为好友。

谁知日后却会因为政见冲突而分道扬镳。

大约四十岁时，在外任职多年的司马光回到中央，皇帝想让他升官编写起居注，也就是负责皇帝日记的记录。

司马光对此全无兴趣，连连上书拒绝，结果让皇帝又想起当年那位主动要求不升官的司马池来。司马光又被“旧法炮制”，被强行升官。司马光也是一如其父的表现，既然要干，那就认认真真地干。由于表现出色，皇帝又要提升，他又拒绝，结果又是强行提升。

官位显赫，收入自然也是越来越高。

对此司马光不仅不喜，反而越来越忧，他觉

得自己幼年随父亲所见那些农民辛辛苦苦创造出来的财富，都被这架有问题的国家机器通通输送给官僚了。

他反复上书，要求朝廷作出表率，大兴俭朴之风，节省各种开支，少把那些民脂民膏拿来供养官僚，他们的收入已经够高了。

为此，司马光还主动退还朝廷封赏，要将其主动捐出来，不料朝廷方面却以“史无前例”加以拒绝，引得他反驳道：“那么官吏如此名正言顺地掠夺百姓财富就是史有前例了？”

对于皇帝以种种名义发下来的封赏，他更是反感，基本上是你发一次，我就上书反对一次，发展到后来，他不仅是反对，还提倡群臣都要站出来作个表率，都把皇帝赏赐的钱财再捐回去，多投在利国利民的事情上。

可叹司马光这种做官的思想，当时几人能有？除了王安石等人外，大多数官员都是过着一掷千金的腐朽生活，岂能指望他们赞同司马光的提议？

就连皇帝也一改宋太祖、宋太宗的俭朴之

风，开始奢靡腐化了。

上梁不正下梁歪，当时的民风，也变得崇尚奢靡而鄙夷俭朴，由此而来的社会问题剧增。

司马光就是不歪。

他在家训中谈到：世人都以奢靡为荣，我独以俭朴为美。

如当时官员们盛行买美女当小妾，司马光却终身不娶一妾，只与他的结发妻子相守，在一夫一妻多妾的古代，这是极为罕见之事，南北两宋也不过王安石、岳飞两人能和他一样。而他的结发妻子因为没有生下子嗣自觉有愧，还想方设法给丈夫找来美女当小妾，却被司马光厉声斥退。

又如司马光后来做到宰相高官，却未曾买下一栋豪宅来当府邸，反而还是蜗居在偏僻陋巷中。房间不够用，他就弄一个地下室来，冬暖夏凉，倒也舒服。不过在当时的奢靡风尚下，此举就落为笑谈了——“王家钻天，司马入地”，意为当时另一大臣王某某的房子都要高到天上去了，司马光却穷得往地下钻。

这个穷得钻地的宰相，却继续在扩充他另一

项惊人的财富——藏书。那才是真正的财富。

为此，在他因为卷入反对王安石变法的政治争斗而失利后，便购买郊外清幽处的二十来亩土地，建起一个书斋，号为独乐园，将他那已经发展到五千多册的藏书尽数置于其中，他也是终日身处其中，悉心细读。

《资治通鉴》也就是在此编成。

深知历史之中蕴藏着兴亡得失的密码，更存有家族盛衰的奥秘，故而司马光选择了让自己的养子司马康参与编纂工作的方式，让他来接受司马家族的家风熏陶。

时间长达十五年。

其间其结发妻子离世，曾高居宰相之职务、此时也还挂着八品京官、身边有十多个工作人员的司马光，竟然无钱葬妻，只能将家中仅有的三亩土地拿去典当抵押，才办了一场简单的丧事。

其俭如此。

可能有人觉得，这样对待自己是不是过于苛刻了？

司马光的钱财都去了哪里？周济穷人。

此人一生所得收入，大多都被拿来救助那些挣扎在生死边缘的赤贫之人。结果是他赢得了巨大的民望，史称“天下以为真宰相”——这样的人，才是真正的宰相！

民望如此，以至于传说其孙女婿在北宋末年战乱时，碰上强盗，报出司马光的名号，强盗立马痛哭流涕，直称国家若多有几个司马光，何至覆灭于金国之手！

21

郑板桥：世道污浊为官怒

“以人为可爱，而我亦可爱矣；以人为可恶，而我亦可恶矣。东坡一生觉得世上没有不好的人，最是他好处。愚兄平生谩骂无礼，然人有一才一技之长，一行一言之美，未尝不啧啧称道。橐中数千金，随手散尽，爱人故也。至于缺陷欹危之处，亦往往得人之力。好骂人，尤好骂秀才。细细想来，秀才受病，只是推廓不开，他若推廓得开，又不是秀才了。且专骂秀才，亦是冤屈。而今世上那个是推廓得开的？年老身孤，当慎口过。爱人是好处，骂人是不好处。东坡以此受病，况板桥乎！老弟亦当时时劝我。”

这段话出自清代名人郑板桥的一封家书。这位以独特的诗书画风格名列“扬州八怪”的大才子，曾先后写下多封家书，将他对于家风家训的见解和看法包含于其中。而在这封家书中，郑板桥一直在强调自己做人方面有一个极大的不是——爱骂人，并因此受累不少，希望他的家人引以为戒，并帮助自己加以改正。

历代名人家训不少，但像郑板桥这般以自己来做反面教材的例子，实属罕见。

看来，这封家书的背后有故事。

才子窘迫入官场

以郑板桥在诗书画上的造诣来看，他应该是出自书香门第。事实也是如此，从他曾祖父开始，列位先辈都是博学多才之士，只不过没有实现“学而优则仕”，要么没做官，要么做个县级的闲散小官，管管教育什么的。

这大约与明末清初的动乱很有些关系，应该也有郑家人性情淡泊，对于仕途不太感兴趣的缘故。定居于扬州的他们，有知识有智商，要在这个商业发达的地方养家糊口并非难事。如郑板桥的父亲，就是一个家有田地三百亩的小地主。

但这种传统也早早埋下了郑板桥仕途不顺的种子，他的家风之中并无对于功名利禄的追求，也无人在官场上有过几分真正的历练，更没有与几个官宦家族结为世交。

这样一个家族，在当时的环境下，如果经济上过得去，那还好，一旦经济上过不去，那么就会急遽步入穷苦悲惨的境地。

不幸的是，郑板桥出生后，郑家就开始向着后一种情形深陷下去。

家道没落，原因不详。

屋漏偏逢连夜雨，郑家人又开始纷纷患病离世，可能是当时长期流行某种瘟疫，先后将郑板桥的生母、后母、叔父等亲人的生命都夺走了。

郑家越发没落。

但好学的家风不会没落，即便经济条件一天比一天恶化，他的父亲还是想方设法让这个儿子接受到良好的教育。

三岁，识字启蒙；五岁，开始背诗；六岁，开始读四书五经；八岁，开始作对联……

他的老师，有他的父亲、舅父，还有一些当地的学者。

他学得也颇为刻苦，自认为并非神童，也不认为世上有神童，勤奋过于常人十倍。

如此到了二十岁的年纪，其诗书画已经有了相当的功底，以至于可以到街上去卖字画补贴家用了。

可叹此时他籍籍无名，那些风格独特的字画通常都是贱价销售，微薄的收入根本抵不住衰颓破败的家势。

须知当时他已经考取了秀才，却顶着这个秀才的名头，面对穷困交加的现实手足无措。无奈之下便去开私塾。

一听到私塾，许多人大概就会觉得那是古代有钱人家的孩子才有资格去读的学堂，教书先生也不会穷到哪儿去吧。但郑板桥的这个私塾，不仅学生收不到几个，学费也不高，还要看学生家长的脸色过日子，实在是窘迫。后来郑板桥做官之后，想起当年的这番经历，还曾写诗回忆，自称："教馆原本是下流，傍人门户过春秋。"

到了三十岁时，这个穷秀才迎来了人生又一个悲剧，父亲离世。家道更加没落。然后，他的独生子又在穷困中夭折。从此他的每一天就在借钱、躲债、卖书卖字画中颠来倒去。

悲剧却不断。

妻子又撒手而去，留下他与两个女儿相依为命，挣扎在温饱线上。

他的亲戚们日子也很艰难，这个原本还算显赫的家族，到了他这一代，竟然只有一个堂弟，想必都是穷困与瘟疫的祸害所致。

这个唯一的堂弟是郑板桥不可再失去的亲人，他认为那是能与自己一同振兴郑家的希望所在，从此就开始以一封封家书与其进行紧密联系。

他的家书基本上都是写给这个堂弟的。

内容则多为家风方面、道德方面的告诫，这可是发自一个家徒四壁的穷秀才之手，不谈赚钱养家糊口，还在谈看起来改变不了穷困生活的这个道那个德，是郑板桥迂腐？还是他不愿向现实低头？

但他必须去赚钱。

扬州市集上，车水马龙，繁华之地，他寻得一块“宝地”，摊开自己那些画卷，开始叫卖。

无人问津。

眼前大腹便便的富商、妖冶美艳的女子、趾高气扬的官宦子弟等有钱有权人，都对他那些写写画画的东西没什么兴趣。

最为倒霉之时，郑板桥甚至只有如同乞丐一般住到破庙中去。

他不是没有想过继续参加科举考试，去博得一个更高的功名，乃至踏入仕途，改变一下这种困境。

但他连基本的路费都没有。

多年穷困生活逼迫之下，他也无暇去研究科举考试所用的八股文。这种已经沦为愚弄控制知识分子之利器的文体，不是你才学高便能写得出来的，需要长时间的专门“训练”。

郑板桥都快穷死了，哪来这心情？先想想下

一顿在哪儿再说。

更不用说被他寄养在亲戚家的两个女儿，过的是何种糟糕的日子。

就在山穷水尽、即将饿毙街头之际，却有一个发达了的故友得知这般情形，慷慨解囊千两银子相助，郑板桥方才猛然从黑暗深渊步入了光明之地。

大部分送回老家，暂时没有了养家糊口之忧，剩下的部分足够自己准备参加科举之用了。

四十岁，考上举人。

这却只是一个开始。

此后又继续研究八股文多年，直到五十岁时，方才以进士身份被任命为七品县令。

他终于入仕了。

而那封检讨自己爱骂人之毛病的家书，也就作于他入仕之前，看来这位才子内心中对于僵化的科举考试实际上是厌恶至极，却因为生活所迫，没有办法，只得走上这样一条路。他所骂的书呆子秀才，分明就是他自己吧！但他可能又担忧入仕之后，在官场上碰到那些二三十岁就出来做官的书呆子同僚，会在他们的鄙夷下，也压制不住自己的鄙夷，惹上些麻烦，才有如此一封家书给堂弟，要他时时注意告诫自己，提醒自己，不要骂人。

然而，郑板桥的官场之旅，却会遇到许多让他不得不恨、不得不骂的人，他那不骂人的家训，也难以履行了。

难守不骂人家训

这位老头县令的第一个履职地点是山东范县，在当时以穷困闻名。

郑板桥却是踌躇满志。

读了四十多年书，总算到了可以一展抱负的时候。

他以极大的热情做这个七品芝麻官，招募流民、开垦荒地、察访民情……做得有声有色，范县的面貌也在他的努力下逐步得到改观。

他却在家书中开始吐露出一些想辞官归乡的念头，如在《满江红·思家》中，他先提到自己十分想念扬州，接着便表示何必为了五斗米而折腰，有浓重的退隐念头：

“我梦扬州，便想到扬州梦我。第一是隋堤绿柳，不堪烟锁。潮打三更瓜步月，雨荒十里红桥火。更红鲜冷淡不成圆，樱桃颗。何日向，江村躲；何日上，江楼卧。有诗人某某，酒人个个。花径不无新点缀，沙鸥颇有闲功课。将白头供作折腰人，将毋左。”

而在《唐多令·思归》《署中示舍弟墨》等诗文和家书中，他更是坦白表示自己早已厌倦这个官场，要家人给自己在故乡买几亩薄田，修几间草屋，因为自己可能很快就要辞官而去了——“官舍冷无烟，江南薄有田，买青山不用青钱。茅屋属间犹好在，秋水外，夕阳边”，“若不速去，祸患丛生……速装我砚，速携我稿；卖画扬州，与李同老”。

显然，有声有色的另一面，是失望郁闷。

为何？只因这个号称正处于盛世的王朝，贪官污吏却是四处横生，连以穷困闻名的范县也不能幸免。

郑板桥看不惯。

不仅看不惯，他还要在自己的管辖范围内，好好地正一正风。所以他到任后不久便主张要将前任官员留下的污浊空气扫个干净，百姓闻之，颇为期待。不允许官吏横行霸道，反而要跟着他一年到头下乡考察，考察还没有油水，只有粗茶淡饭，弄得这些人极为不舒服。

郑板桥骂人的次数也开始多了起来。

才子骂人，自然不是指着某某鼻子吐脏话，而是藏于诗文之中，骂到骨髓里去。在一片粉饰太平的气氛中，唯独这个郑板桥接连作了不少的诗文，揭露这个所谓的盛世之下许多百姓穷困潦倒的真实情况，这等于在猛抽那些自诩贤人能臣的官员，结怨之下，郑板桥想必也吃了不少苦头，由此才有了辞官之意。

就在此时，他却得到山东高级官员于敏中的欣赏，与之成为好友。后者得知郑板桥仕途受阻，便将其推荐上去，调动工作到了潍县。

潍县滨海，经济情况稍好于范县，但也好不了多少，尤其倒霉的是，郑板桥一上任，便碰上了歉收，没过几年，饥荒开始蔓延，其势之烈，很快就发展到了老百姓卖儿卖女甚至人吃人的地步。

这真是对当时朝廷沾沾自喜的盛世绝妙的讽刺，却又是让郑板桥心痛的惨剧。

他竭尽所能来救民。即便为此得罪人，得罪那些有钱有权的人。

本地富商有粮，但就是不拿出来赈灾，反而想着囤积居奇，要发灾难财、人命财，郑板桥便强行将其查封，然后以平价卖给百姓，又强令这些有钱人提供稀粥，救济灾民。

为了留住百姓，又招募他们修建城墙、学堂、庙阁，实行以工代赈。

结果就使许多百姓活了下来，但潍县一些富商却对这个老头县令恨之入骨。

更大的隐忧则在于，郑板桥救民心切之下，许多款项、钱粮的支出，根本就未来得及向上面请示，先放出去了。

结果因此招来上司的极度不满。

郑板桥却是以往风格不改，继续用他的诗文来痛骂这些无视百姓苦难的恶棍，相继作了《逃荒行》《还家行》《思归行》等，其中有“金钱数百万，便宜为赈方。何以未赈前，不能为周防？何以既赈后，不能使乐康？臣也实不材，吾君非不良”的句子，分明就是在指责对自己不满的上司，既然你们没有本事在灾难到来前就做好预防，又有什么资格来指责在灾难到来后积极救灾的我？何况我还比你们救得积极主动呢！

他的结局可想而知。

富商、官吏勾结在一起向他发难，竟然弄出贪污腐败的罪名。郑板桥一直是布衣素食，终日行于灾民之中，哪里来的时间和心情去贪污？更不用说他的人品操守和志向，和这等事情根本就是绝缘！

厌他已久的上司却找到了一个好机会。

虽然贪污的罪名找不到确切证据，但在灾荒之时有如此大的嫌疑，焉能继续为官？

郑板桥也不怕。

他早就厌倦了这个污浊官场，早早就写下了“难得糊涂”四个大字，表明自己对此间的失望与无奈。

来时骑着毛驴，去时也是骑着毛驴，只带着一堆古书、一个书童，郑板桥在十二年七品芝麻官的仕途生涯之后，再度回到了扬州。

这位人生经历如此坎坷的才子，此时倒是已经名动天下，不是当年坐地卖画无人问的穷秀才了，上门来高价求画求字的富商权贵络绎不绝。

而看穿了这个所谓盛世表面的光彩之后，郑板桥的性情也越发变得“古怪”，时常对那些慕名而来的富商权贵进行讽刺嘲骂，还明码实价地标出了自己字画的价格。至于其艺术风格，更是一改取媚于这些人的金玉浮华之气，让自己对这个时代、对这个官场、对这个世道的批判倾注于其中，让那些富商权贵直呼：“怪！怪！怪！”

郑板桥不想骂人，但他却不得不骂人，先骂身不由己沦为书呆子秀才的自己，再骂那些贪官污吏、权贵富商。

于家书立训不骂人，却难以做到，这是一个时代的悲剧。

22

曾国藩：居官不以钱为本

“余自三十岁以来，即以做官发财为可耻，以宦囊积金遗子孙为可羞可恨，故私心立誓，总不靠做官发财以遗后人，神明鉴临，余不食言。”

这段话出自晚清名臣曾国藩的一封家书。大意是告诫子孙，自己从三十岁开始立志，将为了发财而做官当作可耻的事情，将贪污敛财所得当作遗产留给后代视为可羞可恨的事情，故而立下誓言，绝不靠做官来发财，更不会以此留遗产给后人。

曾国藩的大名，无须多说，他在家风家教方

面的做法，值得好好说一说。这位常年忙于军政事务的晚清名臣，从未放松对后代的训诫，通过一封封家书，将他对于做人、做官、做事的理念传于子孙后代，许多建议直到今天也很有教育意义。比如这番“以做官发财”为耻，就是大有道理，令人深思令人叹。

浊世立下保家法

曾国藩生活在一个污浊的时代，也是升官发财成为“常识”的时代。

虽然有大贪官和珅被打倒一类的反贪事件存在，但清朝的官员队伍总体上是极其腐败的，随着这个王朝的衰老，这种腐败更加无可救药，以至于某些有抱负者要出来做点实事，都必须先看那些腐败者的脸色。

曾国藩就是如此。

早年的他，颇有些书生意气，虽然考了好多年功名才考上，还是末等成绩，但他觉得自己的责任并不与成绩挂钩，故而他一直兢兢业业地工作，看不惯满朝的贪官污吏，也看不惯坐在上面的那个皇帝，结果就有了后来一封“大逆不道”的奏折，指点江山，评论这个王朝种种弊端，矛头直指皇帝，结果是皇帝看得大怒，扔到地上，要将曾国藩抓来重处。在多人求情之下，加上自己“认错”态度极好，此事才算过去。

他却从此意识到，在这样一个烂透了的王朝下，自己想做点实事，若完全按照书本上的大道理来，做所谓的正人君子的话，只怕会掉了脑袋。

但他同时也深知，这个王朝之所以会烂透了，也就在于大多数官僚都不想做实事，只想捞钱，再来一个睁一只眼闭一只眼的皇帝，真是绝配。

他不可能同流合污，但又不能做出超然物外的样子。

故而，曾国藩的清廉，与历代的清官廉吏有着截然的区别，说他两袖清风，不属实，说他贪污受贿，更不属实。

早年的他，颇为穷困。因为清朝官吏基本工资不高，全靠朝廷公认或者默许的各种捞钱手段。偏偏曾国藩不伸手去捞钱，只领基本工资，实在不够花就去借，以至于借到债台高筑。只有曾去四川监考时，靠朝廷赏赐的高额监考费，发了一笔小小的横财。若他要做到两袖清风，那么这笔监考费就应该也拒绝了，只是你不伸手捞钱就算了，还要公开拒绝朝廷赏给你的钱，这让贪官污吏作何感想？让皇帝的脸往哪儿摆？你是要让自己如此扬名天下吗？

曾国藩拿了，但他不是拿来给自己享受腐化生活，而是大半寄回家中解困，其余拿来还债。

经济状况并未好转。

后来曾国藩受命组建地主武装，用来镇压太平天国，更是有了大肆捞钱的机会。

作为国之重器存在的军队，清朝军队的腐败与这个王朝的腐败成正比，那些吃财政饭的正规军都是贪污腐败的大本营。曾国藩自己建立起来的湘军，没有朝廷拨款，全靠自己筹集军饷，却因此也有了财政自主权，贪污机会反而更多。拿多少、怎么拿，都是他说了算。

比较穷困的他，却在“起兵”之时公告天

下："国藩奉命以来，日夜悚惕，自度才能浅薄，不足谋事。惟有'不要钱，不怕死'六字时时自矢，以质鬼神，以对君父，即借以号召吾乡之豪杰。"

后来湘军发展壮大，多达十余万人，成为清朝主要武装力量，最高统帅曾国藩却始终没有违背他这"不要钱"三个字。在朝廷开始拨款资助之后，湘军先后报销军费近三千万两，曾国藩想从中弄点零头什么的，那是易如反掌。他却分文未取，依旧是拿朝廷的那点基本工资，每年给家中寄去百来两银子，还没有当初穷困时多。

这不奇怪。

他是要做事的人，对钱财本来就没有兴趣，能不腐败就不腐败，湘军是他说了算，他又何必去腐败？

但再到后来成了一方大员，他就面临不得不腐败的局面。

比如进京面圣，按照当时的官场规矩，地方官员必须安排大量的银子来打通关节，活络关系，曾国藩自然不会在此时摆清廉，送了一万多两银子出去。为了报销军费，也拿出了八万多两银子做贿赂之用。

又比如当时有许多官员贪污腐败的项目，曾国藩对此也是顺应“潮流”，照收不误，但拿到手之后，用法就与贪官污吏大不同了。

大部分充作了“腐败”经费，拿来应付各方贪官污吏。

可谓以贪对贪。

至于他自己，还真是做到了“以做官发财为可耻”。

他自身生活极为俭朴，不买房不买地，衣服都是家人所做，吃饭也是几个小菜为主，偶尔会有一道荤菜。他对家人的要求也很严格。虽然贪官污吏遍天下，歪风邪气四处流，自己也在官场上有身不由己之举，但在自家门内，是绝不容许有这些乱象存在的。他以做官发财为耻，当然不会将到手的银子拿来“改善”家人的生活，反而立下规矩，家中子女衣食住行都要有明确的标准，婚嫁事宜更是要节俭。平时他也不忘时时训诫家人，要以俭朴立身，这才是保持家族长盛的秘诀。

这位官至一品大员级别的重臣，料到自己死后，丧事上一定会有不少官吏前来送礼，那钱到了子孙手中，岂不是坏了他“总不靠做官发财以遗后人”的规矩？故而他立下遗训：谢绝一切，概不收礼。

子孙会收礼吗？

清廉子孙扬家风

在曾国藩死后的丧事问题上，他的家人意见不一。

其弟弟曾国荃的意见是，兄长是曾经挽救清朝的国之柱石，丧事如不从简，那区区两万两银子又不够用，那就不要管其遗训，敞开收礼就是了。

其子曾纪泽拒绝。

他守住了家风。

这位曾国荃，虽为曾国藩之弟，但在为官做人的风格上，却是大相径庭。他行事粗放，有“杀人如麻、挥金如土”之说，虽然曾国藩多次在家书中加以提醒劝诫，却依旧是我行我素，到后来曾国藩都拿他没有办法，只是劝他不要做得比其他人过分就是了。结果就是这位湘军干将每打下一城，就大肆侵吞掠夺钱财，然后拿回家中，强买民田。他还有几何学方面的癖好，要将买来的民田都整齐划一合并成块，为此不惜加价到二十余倍，配合自己的权势进行强买，引得乡怨四起。

久而久之，湘军上下都知道曾国藩的弟弟是一个贪财成性之徒。

后来曾国荃率军打下南京，进行惨绝人寰的大屠杀，为清朝立下"赫赫战功"，却不料因为自己一贯的贪财恶名，被传出私自接收了洪秀全千万两财产的谣言，差点就让他从"功臣"变成"罪臣"。

他建议借丧事之名大收礼金也就不足为奇了。

但曾纪泽与自己的这个叔叔性情大不相同，自幼他就与几个兄弟在父亲的严厉训诫下成长，家书中所提到最多的也是勤俭立身、清廉做官的道理。

当年自己新婚之际，正在前线鏖战的曾国藩，无暇回家喝儿媳妇的改口茶，却不忘在家书中告诫称，婚事一定要从简，不能请客太多，各种费用都要节省着花。对于儿媳更是提前传以家风大义，告诉她一到曾家门，就要养成勤俭之风。

后来，曾纪泽成为清朝外交官，任驻英、法、俄三国公使。当时的西方列强，正值工业革命后的物质生活极大丰富繁荣时期，许多新奇的事物涌现出来，这对于一个从农业文明出来的古代官员来说，具有极大的诱惑力。但曾纪泽始终铭记家训，没有把自己的外交官生涯当作一个享受洋玩意的机会，而是将其作为一个观察、思考、借鉴西方文明的宝贵机会，同时又对其腐朽一面加以警惕。

比如当时的法国首都巴黎，经过两次大规模发展，成为欧洲一大经济中心，奢靡气息极为浓重，曾纪泽却能一眼看穿这浮华之下的问题："巴黎为西国著名富丽之所，各国富人巨室，往往游观于此，好虚靡巨款，徒供耳目玩好，非尽能专心壹志以攻有益之事也。”

又比如当时公使驻地在英国伦敦波特兰大街，系租用一处民房，因为外交事务的繁多、人员的增多，在曾纪泽到任后，原来的空间已不够用。但他经过计算后发现，此地租金昂贵，若再另外租用民房，十一二年的费用就可以自建住宅了，而且是永久所有。经过一番详细咨询，他又发现，可以用一次性付款的方式，将数十年租期以优惠价格买下来，如此更加划算。

在租到合适房屋后，曾纪泽对于办公家具的要求，更是以节省为上，要求可以买“次等之货”，只要坚固实用就行了。

又不是花他自己的钱，这是何苦？

苦于弱国无外交，若代表一个腐朽王朝的自己，在异国他乡、列强面前还要摆阔气、讲排场，那就是变相搞做官发财，装自己的面子、毁国家的声誉那一套，也是明目张胆地违背曾国藩的家训。

曾纪泽不敢。

他特意在使馆门前手书对联：“濡耳染目，

靡丽纷华，慎勿忘先子俭以养廉之训；参前倚衡，忠信笃敬，庶可行圣人存而不论之邦。”

以此明志，更明于列强——这是一位来自中国清廉家族的官员。

曾国藩还有五个女儿，她们虽都是出身名门，却并未有千金小姐的脂粉气，深得曾家家风熏陶，性情谦和、处事低调、俭朴善良。虽然各自命运大不相同，其中还有比较凄惨者，但从无辱没家门、有损家风之事。

尤其是他的小女曾纪芬，一生富贵，却始终不改俭朴本色。她小时便是穿着姐姐们的衣服长大，曾国藩也从来没有溺爱过她，若有的话，那也就是在家训上对她进行督促，以至于新婚出嫁时，嫁妆之中都带有曾国藩定下的“学习事项”。对于父亲的“以做官发财为可耻”的家训，她始终牢记于心。偏偏她又是“不缺钱”的人，丈夫官至巡抚，儿子后来是商界骄子，家大业大，而且基本上都是经商所得，即便要挥霍，也算没有违背“以做官发财为可耻”。但她一直俭朴度日，如父亲一样素食布衣，并将家产的十分之一拿出来作为慈善事业之用。

当时，国家残破，强敌虎视，社会上一些达官贵人却沉迷于奢靡腐化的风气，曾纪芬还在晚年专门写文章加以警告，其名为《廉俭救国说》，论述“清廉节俭”对于一个家庭、一个民族的重要性，呼吁中国的女性首先起来学习，然后感染自己的家人，以达到救助这个灾难深重之国度的功效。文章中还谈到近代日本之所以能崛起，原因之一，就在于其社会风气注重清廉，大部分财富都用来发展国力，而不是虚耗于享乐之中，反观当时的中国，在这方面的浪费就太多太多，也太可惜了。

而在日寇侵略到来时，这位经历了许多近代历史风风雨雨的老人，不仅拿出家产支援国家，还亲自动手为将士缝制衣服、配制药材，在深夜虔诚地为民族祈福。

这位老人享年九十一岁，离开这个世界之前，她还在品读父亲一首名为“忮求诗”的家训作品，特转录在此，作为开篇那段家训的一个补充：

"善莫大于恕，德莫凶于妒。
妒者妾妇行，琐琐奚比数。
己拙忌人能，己塞忌人遇。
己若无事功，忌人得成务。
己若无党援，忌人得多助。
势位苟相敌，畏逼又相恶。
己无好闻望，忌人文名著。
己无贤子孙，忌人后嗣裕。
争名日夜奔，争利东西骛。
但期一身荣，不惜他人污。
闻灾或欣幸，闻祸或悦豫。
问渠何以然，不自知其故。
尔室神来格，高明鬼所顾。
天道常好还，嫉人还自误。
幽明丛诟忌，乖气相回互。
重者灾汝躬，轻亦减汝祚。
我今告后生，悚然大觉悟。
终身让人道，曾不失寸步。
终身祝人善，曾不损尺布。
消除嫉妒心，普天零甘露。

家家获吉祥，我亦无恐怖。

知足天地宽，贪得宇宙隘。

岂无过人姿，多欲为患害。

在约每思丰，居困常求泰。

富求千乘车，贵求万钉带。

未得求速偿，既得求勿坏。

芬馨比椒兰，磐固方泰岱。

求荣不知厌，志亢神愈忲。

岁燠有时寒，日明有时晦。

时来多善缘，运去生灾怪。

诸福不可期，百殃纷来会。

片言动招尤，举足便有碍。

戚戚抱殷忧，精爽日凋瘵。

矫首望八荒，乾坤一何大。

安荣无遽欣，患难无遽憝。

君看十人中，八九无倚赖。

人穷多过我，我穷犹可耐。

而况处夷途，奚事生嗟忾？

于世少所求，俯仰有余快。

俟命堪终古，曾不愿乎外。”

23

彭玉麟：钱财贪多祸患大

“闻家中修葺补过斋旧屋，用钱共二十千串，不知何以浩费若斯？深为骇叹。余生平崇尚清廉慎勤，对于买山置屋，每大不为然。见名公巨宦之初，独惜一敝袍，而常御之。渠寻见余，辄骇叱何贫窭如此。余非矫饰，特不敢于建功立业享受大名之外，一味求田问舍，私图家室之殷实。常思谦退，留些有馀不尽之福分待子孙享受，莫为我一人占尽耳。对于开支用度，亦不肯浪费多金，是以起屋买田，视作仕宦之恶习，己身誓不为之。不料汝并未请示于我，遽兴土木，既兴土木之后，又不料汝奢靡若此也。外人不知，谓吾反常，不能实践，则将何颜见人！今小民庐舍被焚，归无足蔽风雨者，都露宿郊原，卧草荐上，官员亦多贫乏，兵丁久缺饷银，而吾居高位，食厚禄，乃犹有馀资以逞奢，是示人以盗廉俭之虚名，非所以同甘苦者矣！小子狂妄，使予赧愧！窃念汝祖母在日，必不能任汝妄为，此亦汝母姑息之弊也！”

这是晚清名臣彭玉麟的一封家书。其大意是其子耗费了些钱财，用来修补老家的房屋，让他十分生气，在训斥儿子的同时，再度告诫，身为官宦人家，不但不可借机发财享福，反而要比寻常人家更加俭朴，否则就会有辱廉洁之名，尤其是在国家衰落、社会凋敝之时，如此用钱更加不行。

其实他儿子不过是用了很小的代价，将老家的几间房屋草草修补了下，相比于当时曾国藩的弟弟曾国荃成百上千两银子的土地扩充行动，实在是不值一提。但就是这样，彭玉麟还是大为恼怒，可见其家风之严。

很有些不寻常的是，训子如此严格的他，自己却来自一个风气并不怎么正派的家族，乃至于父亲都死于族人的逼迫欺凌之下。

自幼贫寒族人欺

彭玉麟是与曾国藩、李鸿章、左宗棠等人站在一列的晚清大臣，但其出身极为贫寒，算得上是四人之中最为低微的，幼年经历更是极为凄惨。

其先祖都是农民，还是靠出卖劳力为生的佃农，遇上灾荒岁月，便沦为难民，四处乞讨为生，结果到了其祖父彭启象一代，就从老家湖南乞讨到了安徽，停留下来，又当起了佃农。其父彭鸣九，本来属于根本不可能与识文断字有缘分的人，没钱嘛，怎么去学堂读书？但他天性勤奋刻苦，竟然在农活之余，靠自学读通了四书五经，还写得一手好字，都能拿出去卖点小钱补贴家用了。

其母凌氏颇有远见，觉得此儿有做官的潜质，不应困在家中继续做佃农，便鼓励他出去学习，争取考个功名，改变命运。

彭鸣九便靠自己卖字的本事，去了文化发达的江南一带求学，并进了书院学习，这是清代考取功名的必由之路。但自幼缺少正规教育的彭鸣九，显然对于已经极度僵化的科举考试不太适应，考了十几年连个秀才都没考上。

一晃都已过而立之年，还是孑然一人飘荡在异乡的他，脑子里还是装着功名二字，如此继续考下去，大约就要走上范进的那条路了。

当时进入仕途的门路很多，除了考科举，还有拿银子捐、大臣举荐、父子世袭等等，只是这些显然都与穷得叮当响的彭鸣九无关。

还好，碰上一个朝廷招募编辑人员参与编书的机会，彭鸣九好不容易凑齐路费，进京参考，终于考上了一个实录馆供事。

这个职务在当时实际上属于朝廷聘用的勤杂工，主要负责给那些编书的工作人员提供后勤保障，大约也就是提供纸笔墨砚、端茶倒水等事情。但彭鸣九运气颇好，所参与的编书项目进行顺利，让皇帝“龙颜大悦”，一番封官封爵，他也因此得以获得九品官衔。

不久便有官做了，安徽怀宁三桥镇巡检，相当于一个乡镇级别的派出所所长。

官虽然小，但权力可不小，当地又是交通要道，商旅甚多，要是自己大收“保护费”的话，几年弄个十几万两不成问题。

但从贫寒中好不容易奋斗出来的彭鸣九，平生最为憎恶贪官污吏，一旦为官，无论大小，都以廉洁为民为宗旨，结果在一片乌烟瘴气的官场，这样一个小小的乡镇派出所所长很快就有了名声，上司称赞其为安徽“循吏之首”。

彭玉麟即出生于此时。

父亲清廉为官，所得俸禄总还是有一些的，大都节省下来，寄回湖南老家，让彭家的族人亲友帮忙置办些田地，看来他还是担忧自己死后子孙的生计问题。

后来彭鸣九那位颇有远见的母亲去世后，无意于继续在污浊官场中发展下去的他，辞职而去，带着彭玉麟等家人返回老家，办理丧事，同时准备长期定居。

不料那些彭家的族人，却对此前买田买地一事矢口否认。

你是安徽长大的，在湖南毫无根基，现在又没了官职，欺负的就是你。

彭鸣九一怒之下，旧病发作，离世了。

他死之后，留下夫人王氏带着彭玉麟和其兄彭玉麒相依为命，在老家根本无法立足，那些凶狠的族人不但不会前来帮衬，还要继续欺负到底，甚至有一次盯上彭玉麒身上的货物，将其打入水中，差点被淹死。

丧父、寡母、贫寒、欺辱。

还是来自于家族内部的欺辱。

彭玉麟就成长在一个如此残酷的环境之下。

刚直廉吏惩贪腐

彭家的女人都颇有远见。

当年彭鸣九的母亲凌氏不管多穷，都要想办法让儿子出去学习，以求得考取功名改变命运的可能。

后来彭玉麟的寡母王氏，也是不管处境如何

艰难，仍要儿子出去学习，与命运抗争。

兄长彭玉麒表面上无心向学，只愿出去经商，实则都是为了赚钱养家糊口，让弟弟没有后顾之忧。王氏也视彭玉麟为希望所在。

结果，彭玉麟到当时湖南的大城市衡州学习，因为一手风格特异的好字，遇上贵人——衡州知府高人鉴，得到其照顾，引为门生，并很快考上了秀才。

但他对僵化的科举已完全失去兴趣，也无心于去争取当一个贪官污吏的机会，此后不再专注于此道。如此下去，大约会在贫病交加中死去，那王氏会大大地失望了。

彭玉麟却遇上腐败朝廷下的民变四起，当时为了赚钱糊口，身体素质颇好的他加入了军队，赶上镇压当地农民起义，立下战功。

朝廷封官。

他却根本无意做这个官，在许多人虚报战功、求官不得时，他却主动辞去，而给一个商人当了掌柜，看来他对于官场的态度，还真是不同于常人。

掌柜没有做多久，便碰上曾国藩组建湘军，因为此前作战表现神勇，特别是擅长水军作战，彭玉麟被其邀来加入。

这一次他没有拒绝，从此正式踏上了晚清的政治舞台，最后成了晚清名臣，一品大员。

王氏终没有失望。

按照许多人所认为的常理，家门如此贫寒，幼年经历又如此凄惨的他，在荣华富贵到来之时，当是担心手脚不够用，捞得不够快，怕穷嘛。

彭玉麟却根本就不怕什么穷，他反而怕富，怕自己因为做官而发财。

自己的朋友加同僚曾国藩也怕富，但为了“顺应时势”，还会在面子上做一些污浊之事，彭玉麟却是性情刚直，极其廉洁无私，连那面子的活也不会做。

他做地方大员时，俭朴生活与当年尚未做官时一样，出去视察民情，还屡屡被人误认为是农民村夫。自己吃饭都是青菜豆腐，遇上“不识相”的朋友请客，看着那满桌子的山珍海味，根本就找不到他下筷子的地方，最后还是端来一盘辣椒、一盘豆腐了事。

有如此廉洁的上司，下属的日子自然不好过，当时普遍腐败的情况下，这些下属只有千方百计来想对策。比如事先探知彭玉麟要来，就赶紧把家中的古董撤去，免得挨骂。但总有突然袭击的时候，某次一个下属刚买来一件玉器，还没来得及把玩，就听闻彭玉麟到了前门了，慌忙之下，竟然脱手坠地，裂成碎片，彭玉麟到场只是微微一笑道：“可惜了啊”，那副将却已是毛骨悚然。

可惜的不是玉器，而是官帽，只怕要被彭玉麟严处了。

尤其令人叹服的是，他一生所得工资收入百万两银子，只有极少的部分拿来养家糊口，大多数都在他死前捐给朝廷，当作军费。须知当时其他官员都在挖空心思寻找贪污公款的方式，军队将领更是大搞特搞吃空饷一类的鬼把戏，却唯独一个彭玉麟站出来捐钱。

还有小部分被他寄回老家。

却并非买什么田地，而是要救济穷困族人，并修建学堂。

他忘记了那些年自己一家人所受的待遇，反而自称此举乃“一乐”。

与此同时，他对子孙的教育、对家风的约束，则是极为严厉。除了开篇那封家书提到的事情外，他还曾多次写信告诫子孙，贪财容易成守财奴，人生所需钱财并不要太多，够用就行，家财太多反而容易惯养子孙、败坏门风，并非长久之道。钱财之用途，应该拿来救世救人，如此才会心安。

父亲彭鸣九受族人欺负而亡，可见族风实在不堪，他现在是朝廷重臣，自然有整顿族风的责任，也有那样的威望和能力。于是，在严厉训诫自家子孙的同时，他对于族内那些不肖的子弟也毫不留情，在家书中就曾提到，有某位亲戚的子弟仗着自己的官名，横行霸道，这完全是缺少家人训诫所致，并警告称若再不改正向善，那么便会将其调到自己的军营中来，好好管教，“使尝午夜星霜，五更刁斗之苦”。

这可不是说着玩玩而已。

曾有一位族人的子弟随他从军，依靠战功实打实地做到了知州级别官员，后来因为疏忽懈怠，误了政事，便被彭玉麟毅然处死了。

死后，彭玉麟又带泪作挽联一首——定论盖棺，总系才名辜马谡；灭亲执法，自挥老泪哭羊昙。

可见这位族人子弟当是颇有才干，甚得彭玉麟看重。但只要你犯了事，那彭玉麟也就只有效仿诸葛亮挥泪斩马谡了。

然而，晚清官场腐败，连治家甚严、自己也极为俭朴的曾国藩，都不得不做一些违心之事，那彭玉麟简直就是鹤立鸡群了。

正因为如此，他屡次主动辞官，结果由此形成了晚清官场的一大奇观，当别人都忙着钻营往上爬时，他却忙着辞职推却。

大约是与父亲当年一样，早就对这个污浊之地死心了。

偏偏国家多事，列强屡屡来犯，他又不能坐视不理，结果是只要朝廷于危难之时前来征召，他便会一跃而起。

但只要再踏入晚清官场，就必然会碰上贪官，越来越多的贪官。

比如，曾国藩有一个名为曾国荃的弟弟，是湘军主将，以贪婪残暴闻名于天下。此人在镇压太平天国起义的战争中十分卖力，也十分凶恶。如他在攻克城市之后，往往都会下令全军大肆烧杀抢掠三天三夜，以“慰劳将士”，明知城中都是百姓，还要下此恶令，完全就是一个兽性十足的屠夫。而对于在战场上俘获的太平军将士，他更是不会手软，屡屡进行集体屠杀，乃至有过一次屠杀一万多人的纪录。当然他最大的爱好还不是杀人，而是抢劫，纵容手下兵士抢掠，前提是大部分被他自己抢走，如在攻克安庆后，他就早早将财宝装上船只，先行运回家去。攻陷太平天国的首都天京之后，这个屠夫的暴行更是到达了极致。

即便战功赫赫，即便他是曾国藩的弟弟，在疾恶如仇的彭玉麟看来，也是必须要除之而后快的一只禽兽。他多次向曾国藩慷慨陈词，要求其处死曾国荃。但曾国藩并未听从，反而一度为了这个禽兽弟弟与彭玉麟闹到局面僵化，其中缘故，引人深思。

李鸿章也有一个飞扬跋扈的侄儿，被彭玉麟抓来后，其信心满满地抬出自己的叔叔这张王牌。但他就没有曾国荃那般好运，抬出王牌的结果是被彭玉麟火速斩杀。

此外，他还先后斩杀召娼杀妻的属下胡开泰、召娼杀友夺妻的属下谭祖纶等腐败官吏。

彭玉麟一生共扳倒贪官污吏两百余人。百姓佳话："彭公一出，江湖肃然。"他以俭朴治家、以清廉为官、以刚正做人。世道愈是浑浊，他愈是如此。

彭玉麟死后被朝廷谥为"刚直"。

彭刚直公，这是一个实至名归的封号。

处世之道

24

刘向：谦虚谨慎免祸患

“告歆无忽：若未有异德，蒙恩甚厚，将何以报？董生有云：吊者在门，贺者在闾。言有忧则恐惧敬事，敬事则必有善功，而福至也。又曰：贺者在门，吊者在闾。言受福则骄奢，骄奢则祸至，故吊随而来。齐顷公之始，藉霸者之余威，轻侮诸侯，亏跂蹇之容，故被鞍之祸，遁服而亡，所谓‘贺者在门，吊者在闾’也。兵败师破，人皆吊之，恐惧自新，百姓爱之，诸侯皆归其所夺邑，所谓‘吊者在门，贺者在闾’也，今若年少，得黄门侍郎，要显处也。新拜皆谢，贵人叩头，谨战战栗栗，乃可必免。”

这是西汉著名学者刘向给其儿子刘歆的一段家训，大意是要劝诫儿子低调为人、做官。而刘向劝诫的理论根据，则是道家阴阳转化、祸福相依的道理，并通过引用前人名言、历史案例来告诉儿子，一时的风光得意，往往就隐藏着今后的灾难祸患，所以越是顺利越要小心，万万不可因为一时得志就骄横狂妄，那样是要栽大跟头的。

在历史上，刘向主要以学术闻名，其子刘歆也是，他们父子二人对中华文化有极大贡献。今天我们能看到的许多古代典籍，都是经过他们的整理保存才得以流传下来的。但父子二人的人生起伏却截然相反，父亲尽忠为国，与奸佞相斗，最后在编书修书中安然去世；儿子则迷恋权势，与奸佞相合，最后在阴谋中被迫自杀，成为罪人。

如此大的反差，就在于刘向的这番家训，并未达到劝诫儿子的目的。

好学皇族渊源深

刘向属于汉朝皇室成员，而且家学渊源极其深厚。其先祖乃是汉高祖刘邦的同父异母兄弟，名为刘交。

刘邦文化素质较低，这个刘交却是好读诗书，还拜在名师门下，得过真传。在刘邦打天下的过程中，刘交担当了许多的谋略工作，加上那层兄弟关系，被引以为心腹中的心腹，其地位绝非张良、萧何等人所能比的。后来汉朝建立，分封诸侯，当上楚元王的刘交，没有了战争的纷扰，更加用心于学问，请了许多自己的同学前来辖区任职讲学，让自己当年的老师教导自己的子孙，一份家学传承从此开始。

传到刘向这一代时，汉朝立国已将近一百五十年，经历了许多风风雨雨之后，矛盾重重，败象毕露，虽然有号称“中兴之君”的汉宣帝收拾局面，也止不住这股衰颓的势头。尤其是朝廷中各大势力的争权夺利，汉宣帝尚能依靠个人威权将其压制，但在他去世之后，就一发不可收拾了。

本来传承家学，专心搞学问的刘向，应当是淡然于这种争斗之外的人，在汉宣帝时代他本来也是因为学问出众而被重用。但皇室成员的身份又让他不能无视这个王朝的命运，躲在故纸堆中了却一生。何况他生性刚直忠烈，自幼便深受书中所言种种君子大义感染，目睹奸佞横行，正有心效法先贤，整顿朝纲，更加不可能置身事外。

不幸的是，他遇上的皇帝都是昏君。

汉宣帝有能耐，但他明显高估了继承者的能耐，以自己的标准留下一个复杂的权力体系，让外戚、宦官、文臣三方来参政，目的是让他们互相牵制，谁也不能独霸朝堂。只是他的继承者汉元帝，性情柔弱，根本驾驭不住这三驾马车，更要命的是，他最信赖的还是宦官，局面可想而知。

起初，文臣方面的代表人物萧望之和周堪对汉元帝很有信心，因为此君自幼好读诗书，尊崇儒学，俨然有仁义儒君的风范。故而两人大量起用一些儒学中人，其中便以刘向为重。在汉元帝继位最初的一段时间里，这些文臣希望通过自己的影响力，引导这位新皇帝步入圣明天子的轨道。为此就必然要与外戚、宦官发生矛盾冲突，文臣们也幻想在关键时刻，汉元帝会站在他们一边，因为这是一位仁义儒君嘛。

不料冲突爆发时，汉元帝却选择了外戚和宦官，原因很简单，各怀鬼胎的这两股势力，为了对付文臣集团，早就互相勾结起来。在他们的运作之下，言辞犀利、又有皇室成员身份的刘向，早早地被请出权力核心，去担当无关紧要的闲职。不久又通过诬陷手法，逼死了萧望之。

暗弱之君，不可救药，但刘向并未灰心，他反复上书，阐明外戚、宦官专权的祸害。他乃博学多才之士，上书进谏也大不同于常人，总是联系天灾异象，结合汉朝流行的天人感应学说，列举前人的成败得失，提出种种深刻警醒。

怎奈汉元帝就是不听，在外戚、宦官包围下，越陷越深的这位帝王，哪里还有半点当年所谓仁义儒君的影子？眼看这个王朝就要在他手中步入毁灭倒计时，许多文臣大声疾呼，却遭到奸佞迫害。

大约在三十三岁时，刘向终于在迫害下进入了大牢，后来又免死出狱，被贬为民，对于一个皇室成员、朝廷大臣而言，这无疑是极大的耻辱。

此后十余年间，坐视奸佞乱政而几乎无法有所作为的他，将满腔愤恨尽化为个个文字，写就了许多抒发忧国情怀的文章，如《疾谗》《摅要》《救危》等，从这些文章的篇名便可以知道屡遭打击乃至一度面临死亡威胁的他，从来就没有畏惧过奸佞一丝一毫，更没有想过要在奸佞面前“低调做人”，将文章题目软化一下。

这不仅仅是他皇室成员的身份所致，也不只是他的刚直忠烈使然，而是中华读书人自古便有的骨气所在。每当昏君当朝、奸佞乱政时，总有许多文臣起来以命相搏，如此景象，何止一个汉朝，又何止一个刘向？

当某些文人败类投靠奸佞、为虎作伥时，刘向更是难以容忍，即便是庶民身份也要上书痛斥，如企图迫害功臣的匡衡，就在他的痛斥下未能得逞（参见《历史名人晚节不保启示录》相关章节）。

待到昏君汉元帝死去，新一代的大汉天子汉成帝继位后，刘向终于得以复出，不过此时他已是年近五十，站立在朝堂之上，环顾左右，发现当年的战友几乎都已不在。朝政控制在新兴的外戚王氏集团手中，新皇帝比汉元帝还要不如，沉迷酒色，甚至还有男色之好。他虽然看透了这个王朝的命运非他所能挽救，但他依然没有放弃，屡屡上书进谏，忧心于刘氏子孙如何面对即将到头的灾难。

更让他忧心的是，那个名叫刘歆的儿子。

助纣为虐家族灭

在刘向复出的同年，其子刘歆也入朝为官，大约才二十三四岁。其之所以早早为官，并非在于皇室后裔的身份，而在于很好地继承了家学，以善写文章出名。

刘歆最初的官职为黄门郎，这是一个晋升机会较多的官职，许多汉代“名臣”的仕途都是从此起步，比如王莽。

后来篡权自立搞得天下大乱的王莽，当时也在做黄门郎。与刘歆不同，他是专权之外戚王氏集团中冉冉升起的新星，不管他此时野心有没有膨胀到要做皇帝的程度，其前途也绝非一个善写文章的刘歆所能相比，所谓黄门郎，不过是一个短暂的过渡，他很快就要飞速跃升到王朝权力核心中去。

不过这种巨大的差距并未妨碍两人建立起一种私交，而且私交还颇深。以刘向一生对待外戚的态度，儿子刘歆如此交好于外戚人物，可是大大的反常啊！而开篇那段家训，正是刘向作于儿子当上黄门郎时。显然，这位与奸佞斗了好多年的父亲，对儿子离经叛道的行为极为不满，希望他能迷途知返，不要与奸佞纠缠在一起，更不要因此就在朝中骄横狂妄起来，招致忌恨，惹来灾祸。

刘歆却并未听进去。

果不其然，在汉成帝去世、新皇帝汉哀帝登基后，刘歆便因为锋芒毕露引起朝中权贵不满。

当时他所依赖的外戚王氏集团因为朝中形势变化，暂时处于下风，连王莽的大司马位置都被别人夺走了，甚至还要弄出杀死自己儿子的事来避祸，极为低调谨慎。可叹刘歆却连父亲家训的一个字都没记得，此时还要在别人面前卖弄学问、强词夺理，很快就被群起而攻之，即便有皇帝保他，也只能贬出京城，后来称病回家去了。

待到后来王莽回归，开始掌握大权，刘歆便认为他的机会终于来了。王莽对这位故交也很看重，为什么呢？因为王莽是要篡权当皇帝的人，但汉家天下近四百年基业，不是你一个权臣说废就能废的，除了政治上、军事上要准备充分外，更需要在文化上、心理上先做好铺垫。简单说，就是要炮制出一套理论，让世人相信上天已对刘家失去信心，要让王家来统治天下了。

显然，博学多才的刘歆极为擅长这种把戏。

他也干得颇为卖力。

表面上他主要做一些学术方面的工作，实则都是为了给王莽篡权造势。比如提倡古文经学，也就是秦始皇焚书之前的儒家典籍之学，同时将大多数学者学习的典籍判为今文经学，是秦始皇焚书之后的伪书。如此一来，就方便王莽发明种种有利于篡权的学说，并从他所谓的古文经学中找到理论根据；又如他编订新历法，却要顺带一笔，从中探讨天命与历代兴衰的关系，得出天命从来都不是只在于一家一姓之上，给王氏取代刘氏埋下伏笔。

刘歆还不仅仅是嘴上说说就罢了，他还利用自己的影响力，以天下读书人的代表自居，要求皇帝给王莽加官晋爵，位居诸侯王之上，结果王莽得到九命之锡的封赏，成为威望直逼皇帝的人。

然而，在王莽篡权的面目日益明朗之际，刘歆却又表现出了畏惧之态。在前者为了篡位而大造种种谣言时，一贯卖力的鼓吹者却开始沉寂起来，一大批投机分子取代了他。莫非是终于想起了父亲的家训，又或者是担忧万一篡权失败，自己会死无葬身之地？但事情的发展已经超出了他的控制，他深陷其中，再也难以自拔了。

在王莽篡权之后，刘歆被封作国师，看似风

光，实则乃绑架之手段。当时天下群雄竞相起兵，王莽的政权毫无前途，刘歆这个国师当得十分无奈，又十分被动。当王莽的疯狂伤害到他时，他又难以抵挡，以至于自己的两儿一女都被王莽以意图谋反赐死。渐渐地，这位可悲的国师生出了杀王莽的念头。

怀有这种念头的还不止他一个人，连王莽的族人王涉都有了这个念头。眼见王莽末日将至，这些不想陪葬的人走到了一起。王涉以流传的谣言，称根据天象，复兴汉室的人正是刘歆，要他发动兵变，擒杀王莽，自立为帝。刘歆却告诉别有用心的王涉，根据他的专业研究，即将夺天下的是来自南阳的刘秀，不是他刘歆。王涉转而又称那么我们就劫持王莽，将其押到刘秀面前，做成大功一件，如此不仅以前的罪过都能赦免，还能得到封赏，保住宗族。

刘歆被说动了。

这种事情，要干就要趁早，刘歆却以他的天文知识表示，要等一等，等到最佳天象出来时才能动手。

结果夜长梦多，事情泄露，在暴怒的王莽杀上门来之前，刘歆与王涉选择了自杀的方式进行“逃脱”。

因为此前子嗣都为王莽所害，刘歆这一族裔也随着他的自杀而宣告终结，刘向当初一番用心良苦的训诫，竟不幸成了自家黑色命运的预言！

25

马援：祸从口出幸修正

“吾欲汝曹闻人过失，如闻父母之名，耳可得闻，口不可得言也。好论议人长短，妄是非正法，此吾所大恶也，宁死不愿闻子孙有此行也。汝曹知吾恶之甚矣，所以复言者，施衿结褵，申父母之戒，欲使汝曹不忘之耳。龙伯高敦厚周慎，口无择言，谦约节俭，廉公有威，吾爱之重之，愿汝曹效之。杜季良豪侠好义，忧人之忧，乐人之乐，清浊无所失，父丧致客，数郡毕至，吾爱之重之，不愿汝曹效也。效伯高不得，犹为谨敕之士，所谓刻鹄不成尚类鹜者也。效季良不得，陷为天下轻薄子，所谓画虎不成反类狗者也。讫今季良尚未

> 可知，郡将下车辄切齿，州郡以为言，吾常为寒心，是以不愿子孙效也。”

这段话出自东汉名将马援给自己侄儿马严、马敦的一封家书。大意是在告诫这两个侄儿，为人处世要管住自己的嘴，祸从口出，言语一多是非多，说话一定要注意，多学学那些低调谨慎的人，尽量不要学那些高调豪放者。

作为东汉名将，马援大半辈子都在征战沙场，曾留下“马革裹尸”的豪言壮语。然而战功赫赫的他，却在这封家书中透露出一种不怕刀枪怕口舌的心理，看来他的生存环境并不是那么乐观。事实上，也正是这封家书，让他惹上了天大的麻烦，而他最终凄惨收场，也与祸从口出有极大关系。

武夫性格惹祸患

马援的家世和他一生的经历，都堪称传奇。

传说他的先祖是战国时期赵国名将赵奢，因

其封爵为马服君，故而后世以马为姓，大约是为了躲过秦朝的迫害。还有传说其先祖是归化于西汉的匈奴名将。总之这个家族的军事传统十分悠久，家风之中有一股勇猛豪放的气质。

马家世代都在朝廷为官，官职还不小，不过随着西汉王朝提倡儒学、多用文吏，这个家族的军事传统也在渐渐消散，开始研究四书五经，如马援的三个哥哥就都是依靠这个本事，加上先祖余荫，在朝中为官。

马援却是个例外，他对读书并不太感兴趣，而是自幼便有要干一番大事的豪情壮志，后来因为私放犯人而获罪，逃到边境地区，隐姓埋名，开始了放牧牛羊的生涯。到了天下大赦之后，这位还不到二十岁的青年，竟然成了一个大牧场主，牛羊几千头，麾下牧民数百户，俨然是一方豪杰。

这位豪杰后来遇上天下大乱，群雄并起，但他却始终没能遇到明主，直到四十多岁时发现有一个名叫刘秀的人物，自称是西汉刘邦之后，数年工夫就扫平河北、占据中原，有一统天下之势。

马援前往投奔。

为此，他背弃了自己此前的主公隗嚣，还拉上了主公之子到刘秀那儿当人质。

这显然有为了私利而出卖故主的味道。马援对此的解释是“当今之世，非独君择臣也，臣亦择君矣”——在这个乱世中，不只是皇帝挑臣子，臣子也可以挑皇帝。

刘秀诡异地笑了笑，然后将其闲置许久不用，害得这位颇为尴尬的投奔者只得带着家人去种田，以打发时光。

马援若是智者，此时就当明白伴君如伴虎。刘秀即便算是明君，终究也难免有帝王心思，让你坐冷板凳，就是要你学会低调，不要自视甚高，在皇帝面前那样说话很不妥。

已经祸从口出了。

闲置数月，因为讨伐隗嚣，战事不利，不得已才将马援用上。平心而论，此前隗嚣待马援并无什么不当之处，甚至还很信赖，以至于明明知道此人有背弃自己而去的苗头，还是让他三番五次地去刘秀那里当使者，最后一次甚至带上了自己的儿子去做人质。虽然就争夺天下这件事情而言，隗嚣未必是良主，但那绝不足以构成马援此时要卖力收拾他的理由。若马援是一位深谙处世之道的智者，恐怕应该采取的是称病不出。相反，他打起仗来却是极为拼命，简直可以说是使尽了浑身解数。在大多数将领都觉得此次进兵不利，应该暂时撤退时，他却极力坚持要打下去，甚至急得要弄许多米来摆地形，亲自说明他所知晓的情况，由此还诞生了军事史上最早的沙盘推演。依靠这份“卓越”表现，他开始得到刘秀一定程度上的信任。此后马援更是战意高昂，南征北战，到处平乱，成了刘秀麾下征战时间最长的将领，往往是其他人都已经回家封侯享受去了，他却还在战场上率军拼杀。

若只是专注于为国征战，那倒也罢了，问题是马援还很关心战争之外的事，并屡屡因此说出一些伤人的言语。如他曾在军旅中就货币的事情给相关部门写信，对方的回应是不予理睬。以古代王朝内部的利益斗争来看，这是很自然的事情，一个将军去干涉国家财政上的业务，恐怕到了今天也有些说不过去。不料马援却一直耿耿于怀，后来回京便执意上门讨说法，将当年的信件找出来，加上一番强辩之后，送到刘秀面前。

刘秀表面上是准了。

心里怎么想，不知道。但那些相关部门的相关官员心里怎么想，就可想而知了。

史称马援如此是为了国家事业，说话从来不会回避，这是往好了说，往坏了说，就是出言不够谨慎。

看来马家的勇猛豪放气质，传到了马援身上之后，逐渐产生了一些不利因素，这些不利因素在东汉开国初年复杂的政治环境下，会放大到身死家灭的程度。

刘秀号为明君，未杀一个功臣，实际上他只是在各方势力之间周旋手段高明，因为这个王朝不同于刘邦开创的那一个，豪强势力太大，由不得他大砍大杀，平衡之术极为微妙。至于杀功臣的事情，他其实也干过，好几个没什么势力却又喜欢犯颜进谏的臣子都被砍了头。当然，马援这类人物不是轻易可以杀的，只需要平衡平衡再平衡，一旦马家因为战功的关系，在朝中的位置过于靠前了，就要寻找机会打压下去。偏偏马援不仅屡立战功，还屡屡请战，一副完全不知道刘秀怎么想的态度，而在这些请战中，更是充满了不分场合、不分时间的豪言壮语，祸事也就随之而来了。

马援晚年时南方有叛乱，本来刘秀想另找自己看中的人前去平叛，好立功封赏，马援却非要争打这个仗。刘秀以他年事已高相劝，马援还十分不服气地反驳道："我还能披甲上马"，言下之意是你把我看扁了，说罢还真的披甲上马，准备绕场一圈，让好不尴尬的刘秀只得连声称好，并立即下令派他前去。

再一次祸从口出。

这次，祸事也终于降临了。

贤德皇后正家风

因为自己的口无遮拦，马援不仅在刘秀心中屡屡留下芥蒂，还早就得罪了朝中许多人。

其中有一个名为梁松的人物，是刘秀的女婿。此人出自豪门大族，家族势力本就不可小视，加上有驸马爷的身份，待人接物不免就傲慢许多。不料，有一次他去探望患病休息的马援，自己鞠躬作揖什么的都做得很到位，那马援却连床都不起，事后还放出话来，称权势再大也大不过长幼之序，你是小辈、我是长辈，还患了病，自然不需起床回礼。这番话传到梁松耳朵中，让这个心胸狭窄的小人极为气恼，从此结下怨仇。

他后来也寻到了报复的机会。

马援从刘秀那儿强争来的仗并不好打，初期还有进展，到了后来就屡屡受挫。偏偏军中副将又有自己曾经得罪的家族子弟，趁机写信回去告状，引得刘秀极为不悦，派监军前来责问。

监军正是梁松。

以刘秀之英明，岂能不知战事不顺与马援无能是两码事，此前平乱的将领是全军覆没，马援好歹还将叛军逼到了山上，不敢下来。刘秀不仅偏信一面之词，还派了一个马援旧仇来当监军，那可是他的女婿，要说不知内情基本不可能。这种帝王心思，让人不寒而栗。

结果还没等到梁松前来，马援就因为劳累过度，病死于军中。

为国征战一生的老将果然马革裹尸了。

梁松却并未放过马援，死后还要添油加醋地污蔑他，让刘秀有了借口对其进行追责，不仅没有封赏，反而要没收此前爵位。可叹这位有汗马功劳的名将，竟然不得好生安葬。尸体好不容易运回京城后，家人只能草草葬在城外荒地中，因为当时刘秀对马家实行全面打压，气氛十分紧张，他们可不敢造次。

而这个梁松怨仇如此之大，马援死了都不放过，除了此前马援不回礼的因素外，还有一大原因，正是开篇那封家书所引发。

在这封家书中，马援之所以告诫两个侄儿，是因为他们乃当时马家下一代的主力分子，文武双全，很有才智，但就是太高调，喜欢结交一些所谓的豪杰，是当时京城社交圈的名人。伴君多年的马援，虽然未能改掉自己言多必失的毛病，却深知这种毛病不能传承到子孙身上，那样会毁了马家，便特在军中写下家书相劝。

这封家书好是好，但坏就坏在拿一些朝中人物当正反例子，还指名道姓。结果不慎落入别有用心的人手中，便成了杀人利器。

马援在家书中所说的反面例子——禁军军官杜季良，有一个仇家，这个仇家恰好得到了这封家书，遂以此为依据，再制造些其他材料，告发杜季良拉帮结派，图谋不轨。本来刘秀当时对于一些人就很猜忌，何况是保护京城安全的禁军军官，查都没怎么查便将杜季良拿下。不料那梁松当时与杜季良交好，结果受到波及，费了好大功夫才得以脱身，遭了刘秀一顿斥责，吓得半死。

至于马援家书中的正面例子——为人谨慎的龙伯高，却因此得到刘秀重视，将其提拔，后来成为名臣。

一封家书，怨上加怨，害了别人，也害了自己，这番祸从口出，可谓“厉害至极”了。而马援本意是训诫侄儿不要祸从口出，却因为自身在这方面修为的欠缺，反倒成了一个痛苦的案例，让人深思。

不过，马援的后代倒是很好地吸取了先祖在这方面的错误，养成了一股谨言慎行的家风，即便有人当上皇后、太后，控制朝政，权倾天下，家族中人也十分低调，与东汉其他大家族相比，相当低调了。

这位当上皇后、太后的子孙，乃是马援的小女儿，她的丈夫就是东汉第二位皇帝汉明帝。她之所以得宠，进而成为皇后，并非靠绝色美貌，而是在于谨言慎行，无论是对待权贵还是对待下人，都很有礼数，与人为善，在宫中有一股平淡的威望。

而在她为皇后时，则是从来不会干涉朝政，也没有为自家亲戚在汉明帝面前说好话，反而是屡屡拒绝对马家的封赏，结果越是低调，越是受到尊敬。到了当太后时，新皇登基，屡屡想给自己的马家亲戚加官晋爵，却被马太后屡屡拒绝。到后来皇帝硬是给马家亲戚加官晋爵之后，这些亲戚也都有谨慎家风素养，纷纷推辞，实在推不过去，便只领一个爵位的名号，将其他赏赐全部退回。不料太后得知，极为愤怒，直言这样做是要惹祸上门，害了马家，也害了天下，马家亲戚们赶忙前去将爵位都辞了。

与马援当年的“祸从口出”可谓鲜明对比。

此后，马家一直保持着平安长盛，虽然不再显赫于朝堂之上，却也始终没有再招来大祸，这一切，大半都要归功于马皇后对于家风的传承与修正了。

26

太史慈：孝义双全行乱世

> “汝与孔北海未尝相见，至汝行后，赡恤殷勤，过于故旧，今为贼所围，汝宜赴之。”

这段话出自东汉末年的一位母亲之口。大意是告诉儿子：在你不在家中时，有一个素不相识的人，前来照顾你母亲的饮食起居，保护安全，比那些亲戚朋友还要周到，这个人现在被贼人围困，你应该速速前去！

这个儿子是谁呢？他就是后来驰骋于三国乱世中的名将太史慈，而那位照顾、保护他母亲的好心人，则是孔子的第十九世孙孔融。当时天下大乱，作为地方大员的孔融，遭到叛军围攻，危在旦夕，太史慈的母亲得知恩公有难，便要儿子只身前往，效命报恩。

叛军多达数万，太史慈不过一人，如何进得去？他母亲就不担心儿子的性命安危？而要以儿子为代价来报答孔融这份恩情的做法，是对还是错？

在太史慈看来，这是对的。在母亲教导之下，很看重“义”这个字的他，愿意以生命来报答这份恩情……

单枪匹马报恩公

虽然在《三国演义》中的名气一般，但太史慈无论是智谋还是武艺，都堪称三国一流人物。与那个时代许多文武双全的英杰一样，他起初也是供职于东汉王朝的一个小官吏，活动于今天山东沿海一带。由于为人处世灵活机敏，有一身好武艺，加上“重义”，颇得他的上司——东莱郡守赏识。后来郡守遇上麻烦，便是靠他出马解决。

原来当时郡守的上面还有更大的州牧管着，偏偏两者之间关系不好，时有争端，还闹到了中央去。当时的东汉王朝经历过黄巾起义的打击，已是摇摇欲坠，各方面的政务都很混乱，以至于对待这种地方纠纷，竟然采取谁先告状谁有理的方式。故而，有一次郡守得知州牧要狠狠地告自己一状，便从下属中选出一个精明强干的人，快马上京去拦截对方。

选了太史慈。

在旁人看来，当觉得这是麻烦差事，太史慈却认为这是上司的极大信任，加上平时对他照顾提携甚多，有恩于自己，正是报效之时。

结果他十分漂亮地完成了拦截任务，还将郡守的告状书抢先送了上去。

当然，这样一来也就把州牧得罪了，人家主管一州，东汉王朝整个天下也不过十三州，其权势可想而知。郡守有背景一时动不了，动你一个小官吏还不容易？太史慈知道此地不宜久留，便离职躲到辽东去了。

为了报答郡守恩情，不惜得罪高官乃至亡命

他乡，太史慈之重“义”，由此可见。而这种为人处世的作风，当然不会是他天生便有的，而一定是得赐于他那位母亲。否则的话，她当初定然会阻止儿子去执行这个拦截任务，因为如此一来，自己将面临孤苦无助、担惊受怕的日子。从历史记载看，太史慈的父亲似乎早亡，他自幼与母亲相依为命，能抛下孤母去行报恩的危险之事，可想而知那家教的重点，必然是以“义”为先了。

在辽东避祸时，太史慈又做了一些与“义”有关的事情。当时中原兵荒马乱，许多有名气的人便躲到了辽东，不料辽东有一个名为公孙度的军阀，强迫这些人为自己效力，不听从就要动刀动枪，敢包庇窝藏者一律处死。太史慈却在受人所托时，毫不畏惧地站出来保护了一位名士，并将其护送回了中原。

别人敢相托于他，也必然是早就对其家教、为人处世的作风有所了解吧。

这种事情做得多了，也就在江湖上有了些名气。当时在太史慈家乡附近为官的孔融，得知有这样一位重“义”的侠士后，心生敬意，便主动前去照顾、保护他的孤母，也就是开篇太史慈母亲说那番话的缘由。

后来孔融落难，被几万叛军围困时，太史慈刚回家不久，母亲却要他立即去以命报恩，看似有些绝情，实则在于这个小小家庭有一股“义”字当头的侠气，甚至超越了慈母孝子之道。

于是亡命多年的太史慈，只在家中悉心服侍了几天母亲，尽了他最后的孝道，便毅然单枪匹马去救恩公了。

他居然闯进去了。

那可是几万人的阵容，他就一人一马，光靠蛮冲的话，估计不太可能成功，应该是用了某种计策吧。

见到孔融之后，又主动请求再次杀出重围去搬救兵。

他居然再一次闯出去了。

而他搬救兵的对象，则是当时还籍籍无名的刘备，这位后来三分天下有其一的枭雄正在与袁绍为敌，大约有几千人马，自保尚且有些困难，但还是毅然出兵相救。

奇怪的是，太史慈对无论是历史上还是小说里都很得人心的刘备，却并没有投靠效力的意思。

他也没有留在孔融那儿。

而是火速回家，报告母亲，报恩之事已经完成，现在儿子又能回来孝敬您老人家了。

母亲说了一句话：我喜汝有以报孔北海也——你能报恩于孔融，我很高兴。

这一句话，可谓这母子二人在处世上重“义”的极好缩写。

但那是乱世，军阀混战，盛行的是尔虞我诈，把“义”字挂在嘴边上的人很多，真正能做到的人，少之又少。因为难度太高、风险太大，你要是真讲“义”，那么很可能就见不到第二天的太阳了，像吕布这样的人物，就是叛来叛去，不知忠义为何物（见《历史的阴影——贿赂祸国启示录》相关章节）。而刘备，其实也是挂着仁义的幌子，在混战中不断经历背叛与被背叛。至于曹操，那更是以权术诡变闻名。还有以

“义”闻名的关羽，在真实的历史中则是爱名大于重义，只要有人蔑视他，就会勃然大怒……

像太史慈这般重“义”之人，恐怕是乱世中绝无仅有的一个；像他母亲那样的，更是绝无仅有。

如此，注定在乱世中的命运充满艰难凶险，也注定会在后世留下“义”名。

乱世义士空留恨

可能是在母亲过世之后，太史慈方才出山。

当时的局面，袁绍与曹操正在北方争斗，南方则有袁术和孙策，西南有刘璋以及一些其他的小军阀。

他却选择了投奔一个名叫刘繇的人物。

为什么呢，因为这位刘繇是正牌汉室宗亲之后，本人也是才德兼备，号为名士，同时还是东汉朝廷正式任命的地方官员，也是他的同乡、故友。

可见，太史慈选择主公的心态与“义”字密不可分。即便刘繇实力微弱、前途渺茫，他也要前去效力。除了同乡、朋友的关系外，更在于这是一个代表了当时正统权力的人，在太史慈看来，那是为国效命，是“大义”所在。

可叹那刘繇却是一个只能生存于太平盛世的学者，对太史慈前来投奔并没有多大兴趣，反而还表示若重用他，只会被人耻笑。

言下之意太史慈出身卑微，怎可与他为伍？

太史慈却在他所认定的“大义”之下，甘愿在刘繇麾下做一名低级军官，并在与孙策遭遇后展开死斗，差点来个同归于尽。在孙策打败刘繇之后，他也没有屈服投降的意思，反而领着残兵四处游击，给其造成了相当大的威胁。

他的武勇与他的“大义”精神，逐渐为他赢得了威望，以至于孙策将他打败俘获后，不但不敢加害，还要摆出英雄识英雄的姿态，解释自己不是攻击朝廷命官的叛军，而是事出有因，自己也是在为国家效力，因此希望太史慈能和自己化敌为友，携手做一番为国为民的事业。

孙策也确实手段高强，不仅说得痛哭流涕、极为真诚，还放手让太史慈独自回去说降旧部，给予他极大的信任。

对于属下关于“放虎归山”的担忧，孙策一笑了之，称太史慈是一诺千金的义士，一旦答应，岂能反悔？

太史慈可不是吕布。

当年他能为了报孔融之恩只身犯险，今天也能在同意归顺孙策之后绝不再反。

后来他果然如期带着大量旧部前来投奔孙策。

对于这样一位文武双全的义士，孙策到底是怎么想的呢？史无记载，但根据孙策一生所为，以及他父亲孙坚的风范，不难判断他对于太史慈是表面欣赏、暗中提防。江东孙家后来能三分天下有其一，在于有乱世之中浑水摸鱼的“家风”，若像太史慈母子那样讲“义”，只怕早就灰飞烟灭了。不但不可能讲“义”，还对因为重“义”而颇有威望的太史慈颇为忌惮——他一个人就能带回大量兵马，要是以后自己死了，子孙在他眼中分量不够的话……

太史慈的选择，错了。

在心机颇深的枭雄麾下，他过上了被闲置的日子，表面上孙策还是让他去负责一些诸如边境防务、地方平叛的军事，但实际上则在尽可能减少他立功立威的机会，也尽量让他少带些兵马，结果这位本来可以大放光彩的义士，在投靠孙策之后反而越来越暗淡了。

待到孙策战死，孙权上台，太史慈的日子更加难过。

孙权上台的过程充满了争斗，他也只会看重那些以鲜明态度表示站在自己这一边的人。偏偏太史慈此时的表现，让他“很不放心”。大约是这位在母亲教导下以“义”为处世第一法则，在乱世中也始终没有放弃追求“大义”之道的义士，早已后悔投靠了孙策这样一个心思莫测的军阀，更失望于天下间他的同道中人如此之少，让汉室江山乱到无法收拾。此时放眼望去，孙权之外，竟无一个值得他像当年奉母命去报恩的对象了。

他也不甘心继续效命于江东孙家。

恰好在此时，已扫平北方，准备南下一统天

下的曹操得知太史慈的境况，来了一封神秘的书信，其中无字，只有一味中药。

当归。

言下之意，你不是追求“大义”吗？你不是一直听从母亲教导，要报恩吗？现在我曹操是汉室丞相，代表的就是中央朝廷，代表的就是天子，就是“大义”所在。我又扫平北方乱贼，给你的家乡带来了太平，更是对你有“大恩”！

何况，你本来就是北方的人。怎么可以在南方一个军阀那里，帮着对抗朝廷，与“大义”“大恩”为敌呢？那么，你当回归了。

太史慈没有归。

但此事必然为孙权所知，从此钳制之严密，可想而知。

极度郁闷之下，这位曾经以“义”名闻于天下的英杰，四十岁出头就病亡了。

史称他死前有遗言：丈夫生世，当带七尺之剑，以升天子之阶。今所志未从，奈何而死乎——大意是在告诉子孙，自己的志向，本来是要以文武之才匡正乱世，成为兴复汉室的功臣，不料这个志向未能实现，就要匆匆离世了。

与他的母亲不同，他并未对子孙有“义”方面的要求，看来已经是看穿了时势，知道自己所追求的“大义”，与母亲当年让自己报恩的环境，统统都荡然无存了。

所以，他临终只是告诉子孙自己的遗憾，而没有对他们进行什么遗训。

太史家族此后便逐渐隐没在了历史之中。

27

白居易：言行不一唯知足

“世欺不识字，我忝攻文笔。世欺不得官，我忝居班秩。人老多病苦，我今幸无疾。人老多忧累，我今婚嫁毕。心安不移转，身泰无牵率。所以十年来，形神闲且逸。况当垂老岁，所要无多物。一裘暖过冬，一饭饱终日。勿言舍宅小，不过寝一室。何用鞍马多，不能骑两匹。如我优幸身，人中十有七。如我知足心，人中百无一。傍观愚亦见，当己贤多失。不敢论他人，狂言示诸侄。”

这是唐代著名诗人白居易写给其家人的一封家训诗，大意是在告诫家人要学会知足常乐之道。他在诗文中列举了自己在才华、官位、健康等方面的知足与庆幸，并与一般人的难以满足做对比，表明自己越到晚年欲望越小，能够吃饱饭穿暖衣就足够了。在文中，白居易对自己的知足心态显得十分有自信，还特别强调有他这般良好心态者，可能一百个人里面都找不到一个。不过他又在自夸之后，再次告诫家人，我这些话都只是拿来对你们说的，别人到底做得如何我们不要管，我们管好自己便是了。

因为《琵琶行》《卖炭翁》等诗文，而通常被后世当作一个关心下层人民种种伤痛的这位大诗人，在晚年对子孙的家训中，也俨然是一个勤俭朴素、安贫乐道的长者形象。然而在历史上他的这种人生态度，实际上却仅存在于早年时期。在他步入中年尤其是晚年后，所作所为就越来越奢靡腐化了。所讲的和自己所做的明明是两码事，为何还要做这样一番家训？以他的智慧，不太可能做出这种自相矛盾、自损形象的事情啊？他的子孙后代，又会从这种言行不一的家风传承中，学到知足的一面，还是不知足的一面？

家风畸变因享乐

白居易在世上活动的时间大约有七十四年，在古代算得上是高寿。而他的知足常乐人生观，却只持续到了四十来岁时。在此之前，他对欲望的控制完全符合那篇家训诗文中的描述，原因也很简单——穷。

他的家世本来相当不错，先祖世代为官，想必也积累了不少田产、家财。只不过到了他父亲那一代，碰上了“安史之乱”，大唐王朝由盛转衰。家随国运，何况白家还是依附于这个王朝之上的一个官僚家族，当唐朝皇帝在各地军阀的威逼下战战兢兢时，白家的命运也在持续走低。四处流离、家父早逝等变故的打击之下，白家的财务状况一直十分吃紧，白居易在少年时期就开始品尝到了穷困滋味，除了安贫乐道、知足常乐，也别无他法。

那段时期必然是相当难熬，后来在写给至交好友元稹的《与元九书》中，白居易就回忆道：“家贫多故、二十七方从乡赋”，意思是因为贫穷等原因，自己的科举之路受到拖累，直到二十七岁时才算走上这条路。

做上官之后呢？

依然还是穷。

早年的白居易，是一个胸怀“兼济天下”之志的才子。因为文章作得好，他得到时任皇帝唐宪宗的赏识，三十多岁便当上了相当于顾问级别的左拾遗，还兼一个翰林学士。待遇也相当不错，根据他的诗文描述可知，正常收入一年都有大约三十万钱。

但好景不长，这种高工资没拿几年，他就因为表现过于“出色”，而遭到朝中实力人物的嫉恨，不仅没有得到升迁，还差点丢官为民。

耐人寻味的是，这段时期真正处于知足常乐状态的白居易，并未有太多关于自己如何坚持发扬这种人生观的诗文，反而是写了一些对先贤所描述之安贫乐道质疑的文字，如他曾写道：世路重禄位，栖栖者孔丘。人情爱年寿，夭死者颜渊。二人如何人，不耐命与天——大意是对物质欲望淡泊，没有将富贵放在眼里的孔子、颜回，一生过得穷困潦倒，乃至早早夭亡表示疑惑，隐隐之间竟然有些赞同起大多数世人追求享受的观点来。

看来他的内心之中，早就熬不住那清苦日子，知足常乐四个字越来越站不住脚了。

后来他好不容易谋得一个京官，准备回到皇帝身边效力，却又因为出言不慎，惹来麻烦，被人直接整出了朝堂，贬到今江西九江一带，做上了唐代贬官的常用职务——司马。

那一年，白居易四十三岁。

他的人生观随着司马二字的到来，终于发生了剧变。

这位穷惯了的诗人，在仕途上连遭打击之后，心灰意冷，“兼济天下”的雄心壮志被抛到了一边，内心中那股潜藏已久的享乐欲流奔放了出来，从此一发不可收拾。

此后他又有几度官场沉浮，每经历一次变故，他内心之中对于政治的失望就越强烈，对于追求享乐、过好自己的日子也越向往，这方面的行动也越来越惊人。

他喜好饮酒，更喜好狎妓，特别是在杭州为官时，就经常带着十几个容貌出众的官妓，坐一艘大船，一边饮酒玩乐，一边巡游杭州各处名胜。他还在东都洛阳郊外选了一块宝地，修了一栋有山有水的豪宅。根据他的诗文描述，这栋豪宅占地面积多达十七亩，其中建筑面积有五亩多，人工湖面积三亩多，竹林近两亩，其余空间则是用小桥、小岛、假山、花草树木点缀连通，搞得湖光山色、美不胜收。

由此再看看开篇家训诗中谈到的“勿言舍宅小，不过寝一室”，有何感想？

此时他倒是时常在诗文中谈论自己的“知足常乐”思想，不过都是变了味道的那一种，如《中隐》一诗：大隐住朝市，小隐入丘樊。丘樊太冷落，朝市太嚣喧。不如作中隐，隐在留司官。似出复似处，非忙亦非闲。不劳心与力，又免饥与寒。终岁无公事，随月有俸钱……贱即苦冻馁，贵则多忧患。唯此中隐士，致身吉且安。穷通与丰约，正在四者间——大意是自己现在当一个闲官，住着豪宅，每年既有不菲的工资收入，又不用操心公事，天天逍遥自在，比起所谓的大隐和小隐，自己这个混在朝中不干事的中隐，知足，十分的知足！

更可怕的是，这个清廉了很多年的人，在晚年的“知足常乐”中，竟然也开始了公款吃喝一类的腐败之举。如他在《自劝》一诗中就写道：忆昔羁贫应举年，脱衣典酒曲江边。十千一斗犹赊饮，何况官供不着钱——当年我初来京城赶考时，因为囊中羞涩，想喝点酒，便只有拿衣服去典当，不过就算当时那么穷，也敢喝一万钱一斗的酒，现在我都当上朝廷命官了，还有什么酒不敢喝！

家道中落唯知足

什么酒都敢喝的白居易，在酒精中毒的程度上，不亚于一天到晚醉醺醺的“风流隐士”陶渊明。长期酗酒必然导致许多生理上的问题，比如生育，再加上白居易狎妓的不良爱好，导致他自己的亲生骨肉不仅少，身体也很是羸弱，两女一儿中，除了二女儿长大成人，长女和独子都在三岁时夭折。

传承诗人家业的，是一个从他二弟白行简那里过继来的儿子，名为白景受。白居易原有兄弟三人，但大哥和四弟都过早离世，所以与二弟之间亲情深厚。过继来的白景受，实际上是在白居易身边长大，从小就跟在这位伯父身边，形影不离，不是亲生，胜似亲生，白居易许多诗文也是经他手中的笔抄写而成。从这种关系来看，白景受大约也经受了伯父不少萎靡堕落之风的侵蚀，那么他的表现如何？史料并未有相关记载。不过从白景受开始，这一脉连续多代都是单传，由此推断出来的结论，恐怕只会是不太乐观。在大唐王朝一天不如一天，风雨飘摇、即将覆灭的情况下，这几代子孙还能稳居一些轻松的肥差，也即白居易所言“中隐之官”，就更让人难以对他们的表现有多少厚望了。史料记载的缺失，或许也就在于这些子孙太“知足常乐”，“隐”得太深，毫无作为，甚至连首诗文都没能留下来。

家随国运，国家的衰亡必将会影响到无数的家族。在大唐皇帝都成了宦官、军阀手中的玩物而想杀就杀时，白居易的子孙也再也不可能过上“知足常乐”的日子了。家道衰落之下，贫苦再度袭来，到他的第五代子孙白奏绩时，生活的艰辛便又回到了当年白居易幼年时的状态。

白奏绩是一位颇有些能力的人才，被官员发现，准备提拔任用。但他却极力推却，最后躲到江南去了。原来当时大唐王朝早已被朱温这个叛贼所篡。与其为伍，可得一时的荣华富贵，然后是凄惨下场与万年骂名；不与其为伍，那么可能脑袋马上就搬家。白奏绩选择走为上策，实乃明智之举。

此后，白居易的子孙就很少有步入仕途者，基本上都是务农为生。“一裘暖过冬，一饭饱终日。勿言舍宅小，不过寝一室”，白居易家训所描绘的这一番标准，大约已成了他们“小康”生活的常态，而且是难得的常态，遇上兵荒马乱，恐怕又是一番妻离子散、家破人亡……

到了清朝年间，又有一位长于诗文的白氏子孙出现，其为官风格与生活作风，类似于早年的白居易，不由得让人联想，在他读书学文时，看到先祖白居易的那番家训，应该是受到了相当大的感染。

此人名叫白乃贞，后世子孙称其之所以擅长诗文，都是因为白居易的缘故——“白社香山世传之能事”。这位子孙生来聪慧，又勤奋好学，在当时被视为神童。三十来岁踏上仕途，又恰逢锐意进取的顺治皇帝在位，他的率真直言，并未再遇到像先祖白居易那样多的打击，反而得到赏识和重用。到了康熙皇帝初登宝座时，他又被委以科举主考官，不料却因为公平取才，没有给那些达官贵人面子，受到诬告打击，被贬为庶民。当时康熙皇帝年幼，鳌拜等权臣把持朝政，吏治也颇为腐败，被贬的官员只要银子送得够多，官复原职不成问题，乃至还有可能因此找到一棵大树，飞快地爬升起来。

为官多年，白乃贞对此怎能不知？也有友人劝他用这一手段，回朝为官。但他却坦然表示：“当时我无愧于心，现在却干行贿的事，以后为人所知，又当如何辩解呢？”后来康熙皇帝铲除鳌拜等人，大力整顿吏治，许多旧时冤案都被澄清，也包括白乃贞那一桩。别人都在洗冤之后再度穿上官服，他却再也无意回到仕途。接下来的人生，就是隐居于乡间，一壶浊酒、一卷诗文，再教几个子弟，亲手种点稻米，偶尔也会乘兴远游，在饱览风景名胜之际，文思泉涌，写诗作文。

也不要认为这又是一个陶渊明式的“风流隐士”，他以诗酒为乐，但并没有因此将家庭、孩子抛在一边，更不会到达酒精中毒的程度。自己的学识，都在精心教导中传于子孙，如他的长子白誉，就同样是一位诗文出众的才子。除了自家子孙，白乃贞教出来的乡邻子弟，也多有成才为官者。

好一个“知足常乐”的白氏子孙！

值得一提的是，白居易的精神还远传到了邻邦。他有一个堂兄，名为白宇经，本来也是在朝中为官，后来受牛李党争的波及，不得已外逃到新罗国（大体相当于今天的韩国），从此就在那里生根发芽，传下白氏又一血脉。虽然白宇经因为才干出众，在新罗国得到重用，官居相当于丞相的要职，却终究难消思念故土的愁闷，便以重金从商人手中求购堂弟白居易的诗文。从其后代在历史上多有杰出人才来推断，想必这位远在异国他乡的远亲，除了从堂弟诗文中获得一些精神慰藉之外，更有可能得到一些关于人生、仕途的正能量，比如“知足常乐”的处世智慧吧。

28

陆游：仇怨之心不可有

“吾平生未尝害人，人之害我者，或出忌嫉，或偶不相知，或以为利，其情多可谅，不必以为怨，谨避之，可也。若中吾过者，尤当置之。汝辈但能寡过，勿露所长，勿与贵达亲厚，则人之害己者自少。吾虽悔已不可追，以吾为戒也。”

这是南宋诗人陆游给子孙的一段家训，大意为训诫子孙如何对待那些充满敌意的人。在他看来，这些人其实大多都是情有可原、事出有因，并非天生就要前来加害自己，也没必要来个冤冤相报，自己小心躲避就是了。身处于社会上，只要自己谨言慎行，少犯一些错误，低调做人、低调交友，那么祸害也自然就少了。

尤其引人注意的是，陆游在这段家训结尾称自己在这方面十分后悔，要子孙引以为戒，言下之意，他自己恰好就是这段家训的一个反面例子。

他作为南宋著名爱国诗人，写下无数慷慨激昂的传世之作，为何在这段家训中表现得如此谨小慎微，乃至充满悔意呢？

山河破碎家风烈

陆游出身于书香门第，外加官宦世家。

自其高祖陆轸通过科举入仕开始，这个家族便在北宋官场上占有一席之地，同时也开始传下一份家学。祖父陆佃乃王安石高徒，位至太师，学问深厚，父亲陆宰则是以藏书多达数万卷闻名于世。

按这个家庭背景来看，陆游的人生路应该比较平坦。

却不料他遇上的时代，是外敌入侵、北宋灭

亡、兵荒马乱……

他出生时，新兴的女真人大举入侵北宋，腐朽的北宋王朝难以抵御，在他刚满一岁不久，北宋便在女真人的铁蹄下宣告灭亡。

曾在北宋为官的父亲，带着还是婴儿的陆游以及一家老小，就此开始了逃亡之路。其间凶险，非太平年代的人所能想象，陆游后来就曾写下“儿时万死避胡兵”的诗句回忆当年那悲惨的情景。

这种逃亡至少有五年之久，也就是说直到他六岁，都是处于死亡的阴影之下。在他后来的诗文回忆中，曾提及一家人在东奔西逃的路上，好不容易找到一个自认为安全的藏身之处，却不料半夜传来女真人的战马嘶鸣声，大为惊骇的家人又带着他狂奔而走。后来甚至走投无路，只有钻入深山老林，与毒蛇猛兽为伍，惶惶不可终日。

故而，自他一出生，便深受了一种强有力的家庭教育——国破家难保。

他从父辈身上所感受到的家风，更是充满了悲愤的亡国之恨。

父亲曾在北宋为官，但更为出名的是学问以及藏书，其朋友也多是文人。但就是这些被后世认为文弱无力的文人，往往有一腔报国热血，在他们的交谈之中，充满了对敌人的仇视、对故国灭亡的痛惜、对奸臣误国的叹息、对收复失地的期盼，这一幕幕对幼年时的陆游影响甚大。

如他曾多次目睹父亲与文人朋友谈及国事，这些平时文质彬彬的人，每当说到此处，便个个痛哭流涕，或者是慷慨激昂，急切希望能有舍身报国的机会，同时又对初立的南宋王朝奉行投降卖国路线、懦弱无力而愤怒。

又如当时有一位深为南宋王朝倚重的大臣，名为李光，是他父亲的同乡。此人能力出众，曾在南宋王朝初立的混乱时期募集民兵万余人，给了惊魂未定的宋高宗很多安全感。他时常来陆游家中拜访，言谈之中屡屡痛骂投降卖国的急先锋秦桧，对南宋王朝不思收复失地、只知道屈辱偏安一方更是多有批判，也时常阐述自己的抗敌之策。在幼年的陆游看来，这位李光有一股英豪之气，是一位影响了他一生的偶像。

他的家学渊源深厚，虽然遭遇战乱，颠沛流离，却也没有忘记这份传承，自幼便得到父亲传授。而他读书求学的目的也十分明确，那就是用来收复失地，为国报仇。所以除了传统的四书五经之外，他还喜读兵书，以及学习骑马射箭、枪棒刀剑等武艺。

陆游的少年时代，乃是许多南宋名将抗金的征战时代。已经立国号为金的女真人，并没有停战的念头，屡屡来犯，大有先灭北宋再灭南宋的势头。大宋子民奋起抵抗，大江南北许多百姓揭竿而起，更涌现出以岳飞为代表的许多名将。残暴的女真人一度在中原陷入困境，眼看就要被赶回北方。

可叹南宋王朝高层无心恢复河山，只想偏安一方，过点享乐日子。对于他们而言，岳飞等抗金的人、“阻碍和平”的人，才是敌人。

陆游十七岁时，岳飞被冤杀。

宋金议和。

条件除了岳飞的人头外，还有南宋向金国称臣，割让大片土地，每年送上大量金银孝敬费，等等。

这个不平等的屈辱性条约，以及岳飞被害的消息，传到陆游家中，一定引起了轩然大波，他的父亲，以及那些聚到一处的文人朋友们，也一定是痛哭不已。

陆游也一定在痛哭。

与其说他成长于一个爱国之情高涨的家庭，深受这种家风感染，还不如说他是成长于一个爱国之情高涨的时代，深受这种时代之风感染。

也注定他不可能去当一个满足于偏安一方的南宋官吏，不幸的是，后者却是南宋王朝官僚队伍的主力，另类的陆游是他们的眼中钉，也是他们急于迫害的对象。

爱国却被奸佞阻

第一个迫害者是谁？

秦桧。

这个投降卖国的急先锋，在与那投降卖国的皇帝赵构狼狈为奸多年之后，也渐渐遭到了猜忌。看来奸佞之人的相处之道，始终不可能有太平与和谐。但这个秦桧丝毫不知道收敛，反而忙着利用自己的权势给子孙铺路，想要在朝中打牢基础。

当时科举盛行，即便秦桧权势惊人，也要子孙科举过关才行。既然他想子孙继续做大官、掌大权，那么科举成绩还要很好，最好是状元。

秦桧有一个被他视作宝贝的孙子，名为秦埙，文章写得倒还可以，加上有爷爷的安排，本来是要稳拿当年科举状元郎的，却不料有一个人文章写得更好。

陆游。

时任主考官名为陈之茂，是一个刚直不阿的人。本来在考试之前，秦桧就先强行将他请到府中，表达了自己要“暗箱操作”的意图。这位正直官员早就对秦桧这类奸佞痛恨不已，却又找不到合适的方式来加以拒绝。刚好有一个文章作得极妙的陆游冒了出来，他便有了底气，无惧秦桧的威逼，将陆游判为第一，秦埙判为第二。

秦桧大怒。

陆游就这样莫名其妙地惹上了这样一个大

奸臣。

当然，陆游得知后也不会有所惧怕，幼年就已从人生偶像李光那里听了许多关于这个恶贼的丑闻，此时能以自己的才学刺激他，也是书生快事！

不过待到来年的复试时，陆游便名落孙山了，原因则是四个考官都是秦桧的心腹，他们绝不会有陈之茂那种清风傲骨，而是要急着完成第一任务——将秦桧的宝贝孙子秦埙扶成状元，第二任务则是将陆游一脚踢走。

秦桧此后不到三年便病亡，曾经差点就成了状元的陆游，似乎有了出头之日，可足足等了差不多十年，才被赐了一个进士出身，开始了正式的仕途。

因为他在科举之时，就在文章中极力主张收复失地，这引起了宋高宗深深的不满。直到这位以逃命见长的帝王退位，新的皇帝宋孝宗继位，陆游才有了出头之日。

宋孝宗继位之初，一度主战，为岳飞平反，同时选拔将领、整顿兵马，立志北伐。在这种气候下，当年的主战考生陆游自然有了被重用的可能。可叹当年两宋交替时的名将，多在宋高宗的卖国政策下凋落殆尽，宋孝宗空有一腔收复河山之志，却找不到几个能堪大任的帅才，他所倚重的张浚，其实也是志大才疏，北伐战争刚刚发动，就因为指挥问题出现许多内部争斗，结果大败。

对于自幼便深受家庭、时代风气感染的陆游而言，这等同于刚刚看到报国希望，就被现实给了无情的一棒。

这一棒还把他打到了深渊。

他主战，协助张浚甚多，还曾多次进献自己的北伐之策。那么到了战争失败，他自然就成了那些投降卖国的主和派们打击的对象。更有小人揣摩上意，觉得陆游是一个极好的“替罪羊”，一时间污蔑之词盛行，让人觉得皇帝该杀陆游以谢天下。

皇帝没杀陆游，也不敢继续用他。

陆游只能悲愤还乡。

又是差不多十年的漫长等待，朝廷始终没有

收复失地之意，自然也没有重用他的念头，闲官散职倒是安排了一些，但那绝非陆游所期盼。

直到等来了一封来自四川的书信。

时任四川军政大员王炎，也是一个满腔报国热情的文人，立志挥军北伐，效仿诸葛武侯，收复长安等地，特邀陆游前去相助。年近五十岁的陆游，带着激动的心情立即前往。

这是一段真正意义上的从军生涯。陆游除了给王炎出谋划策之外，还时常亲自外出，冒着生命危险探察敌情，甚至有在山中与几十个部下一道，以剑术杀死食人猛虎的事迹，难以想象他都快五十岁了。他在侦察敌情期间，曾到诸葛武侯祠、韩信拜将坛等地停留，目睹这些先辈遗迹，心中更是热血沸腾，期盼着能将自己的残生燃烧在北伐的征程上。

不料王炎这一类人，是当时气焰正盛的主和派最为厌恶的，不到一年，王炎就被罢免，陆游殚精竭虑写出来的北伐战略计划，也被当作废纸丢掉，并引起了主和派更多的忌恨。

此后陆游长期在四川为官，早就成了主和派

眼中钉的他，若真能如他给子孙的家训所言，“谨言慎行、低调做人”，那么他在官场上或许还能有些“转机”。

但他不会。

来自内部的长久打压，反而让他的爱国之心愈加强烈，也愈加愤懑，也幻想某一天朝廷能突然风向大变，再度投入到北伐之中，光复失地，告慰那些死于亡国之祸的灵魂。

这一天却又似乎永远不会到来。

于是他便将这股情绪发泄到了诗文之中。

他本就是才子，诗文造诣很高，写出的诗文又是饱含爱国悲情之作，是许多南宋子民的心声，故而名满天下。

朝中不乏正直人士与他成为莫逆之交。

更不乏朝中那些主和派人物将他的诗文找来，指指点点、添油加醋，屡屡迫害，称他“不拘礼法、燕饮颓放、狂放之极”，陆游则毫不畏惧，以“放翁”为号，加以反讽。

其间也是充满了罢免、起用、罢免、起用的曲折。

那位继位之初立志北伐的宋孝宗，此时受制于朝中主和派强大的势力，明知陆游等人为国家栋梁而不能用，在一波又一波对陆游的弹劾攻击下，不得不将陆游一再外贬。

这种迫害攻击发展到后来，已经不限于陆游的爱国主张，而是延伸到了他仕途的方方面面。只要他为官一日，就有种种由头来告他，连堂堂皇室成员、号称良臣的赵汝愚都来加入，朝堂之上，更是出现过主和派群起围攻陆游的场面。

直到他八十余岁时，南宋王朝终于再度准备北伐，消息传来，已在痛苦中煎熬多年的陆游欣喜若狂。

然而这不过是又一次惨痛失败。

三年之后，陆游带着深深的遗憾和愤怒离开了这个世界，临终留下一首千古流传的遗诗：死去元知万事空，但悲不见九州同。王师北定中原日，家祭无忘告乃翁。

29

朱熹：宽容随和化仇怨

“仇者以义解之，怨者以直报之，随所遇而安之。人有小过，含容而忍之；人有大过，以理而谕之。勿以善小而不为，勿以恶小而为之。人有恶，则掩之；人有善，则扬之。处世无私仇，治家无私法。”

历史上有两部《朱子家训》，一为南宋朱熹所作，另一为明代朱柏庐所作。上面这段话出自朱熹的《朱子家训》。其大意为人在世间，难免会吃一些亏，乃至招惹一些人的怨恨，要以宽容随和的心态来加以对待，切不可斤斤计较，乃至为了“以牙还牙”去干一些坏事，要做到没有私仇、私敌。

《朱子家训》的作者朱熹，乃是中华历史上屈指可数的大学者，在儒家发展史上更是一位承前启后的重量级人物。其所作《朱子家训》虽然还不到五百字，却将到底应该如何做人说了个透彻明白。其中耐人寻味之处，就在于在这短小精悍的篇幅中，却有相当程度的部分用来告诉子孙后代不要记仇，要宽容，让人感觉这位大学者是不是曾饱受被人整的苦头，有了深刻的亲身经历才留下如此家训？

那就来看一看吧……

无中生有小人害

朱熹出生于南宋初年，其父朱松在北宋末年踏入官场，后来在南宋王朝内继续为官，其学识深厚，又颇有一些实干才能，原本很有希望在这个百废待兴的时代里步步高升，只因为极力反对赵构、秦桧的投降卖国活动而遭到打压贬斥，愤懑与疾病交加之下，在朱熹十三岁时便抱恨离世而去。

却并非匆匆而去。

对于尚未成年的朱熹，失去父亲后的人生之路应该如何匡正，朱松早有周全安排。好友刘子羽，文武双全，托其为朱熹义父。又托付曾与自己交流学问的同道中人胡宪、刘勉之等学者加以指点。在这些人的悉心教导之下，朱熹不仅得以传承家学，更有将其发扬光大、开创出一个全新局面来的趋势。

不过他的科举考试成绩却并不怎么样，第五甲第九十名，大约排在及格线附近，只能算是勉强得到做官的资格。之后很长一段时间里，他的经历也比较波折，当了几年地方上的小官便任满归乡。遇到新皇帝登基，广开言路，征求天下人的建议，他立即上书主张北伐金国，一雪靖康耻，文章到了天子那里，竟然因此获得召见机会。但谈了大半天，却终究没有谈到一起去。天子请他去当一个吃闲饭的国子监武学博士，朱熹则不愿吃这碗闲饭，还是回到民间，游学四方去了。

如此游到中年，吸取多方学派精华的朱熹，

思想逐渐成熟，开始形成一套以“存天理、灭人欲”为核心的学问体系。

就在他学术步入辉煌之时，朝廷闻其声名，当年话不投机的天子又将其找来做官。一上任就是遭遇饥荒的江西某地，相当棘手。朱熹却并非一个咬文嚼字的书呆子，真正的学问必然是能够用来“修身齐家治国平天下”的，结果便是朱熹一番想方设法，很快就将灾荒熬了过去，不仅安定了黎民百姓，还修复了早已荒废的白鹿洞书院，用来教育穷苦人家的子弟。

如此能吏，岂能闲置？

天子很快便将他调去也遭了饥荒的浙江某地，期待他继续闪亮。

此时朱熹已年过五十。

这一次，他遇上了后来在家训中所言的“仇怨”之事。

那受灾之地有个名为唐仲友的官员，趁救灾上下其手，大发国难财，朱熹到任后很是震惊，进而了解到此人如此嚣张，就在于有一个不得了的后台——当朝宰相王淮。本来这个王淮还曾在天子面前推荐朱熹，也算是有恩。但传承了父亲家学、同时也传承了父亲那一身正气的朱熹，不可能在这点私人关系面前停下脚步，为了国家利益、天下苍生，连连上书告发这两个贪污分子，逼得那王淮为了压下事态，只能将那唐仲友革职。但朱熹从此也难以立足于朝堂，只有再度辞官。

不过也好，他早有心整理自己毕生所学，传于后世，离开了乌烟瘴气的南宋官场，反而有了难得的清静来做此事。

“仇怨”却容不得他清静太久。

编书没过几年，朱熹再度步入官场，年过六十的他，辗转多地为官，政绩出色，最后得以进入中央，当上了新天子的老师。

最大的风暴即将来临。

朱熹之所以能在晚年再度登台入室，缘于一个名叫赵汝愚的大臣欣赏。此人与另一个名叫韩侂胄的大臣，是新天子登基的主要功臣。不料两人很快闹翻，掀起一场党争的风暴，将朱熹也深深卷入其中。

当时韩侂胄因为获得天子信任，在争斗中占有优势，将赵汝愚一派统统打倒，朱熹自然是在所难免。

如果只是如此，那倒还罢了，关键是那污浊官场中顿时冒出许多的墙头草，趁此机会想捞取向上爬的资本。便挖空心思，捏造罪证，用来攻击赵汝愚一派，甚至扩大到一些不为朝廷喜欢的人士身上，形成一场大规模的整人运动。

韩侂胄"顺势而为"，将朱熹等人所开创的学派——理学拿来当作攻击的幌子，大肆迫害。对于朱熹本人，更是穷追猛打。其实这一招，当年王淮就用过，只不过没奏效。这一次却是非常厉害，因为那是来自当权派的攻击，连天子都亲自下令了！

一时之间，无数针对朱熹的攻击纷至沓来，其中不乏当年王淮、唐仲友的所谓好友，乃至有人捏造出了朱熹几大罪的黑材料，攻击朱熹迫害唐仲友、勾引尼姑、生活腐败等，到这幕丑剧最高潮的阶段，竟有人高呼要将朱熹抓来杀头才行！

此时的朱熹，又是一番什么样的情况呢？

他的门人子弟，要么被流放，要么进大牢，要么主动逃走，剩下这个孤独的老人，身患多种疾病，左眼失明，脚部残疾……

如此凄凉，他可以选择用死来向那些“仇怨”之徒做一个抗争！

但他却选择了另外的方式——朱熹的方式。

耗尽最后的生命力，忍辱负重，宽容随和对待来自四面八方的攻击，只为将他的学问汇集成册，传于后世。

他基本做到了，在双眼几乎完全失明的情况下做到了！

然后，油尽灯枯而死。

他是累死的，但他一定是淡然赴死，并未怀有对世间遭遇的仇怨。

他死后，那些门人弟子、天下书生，闻之极为悲痛，不顾死亡的威胁，准备前往为这位老人送终。

这可不是一股能轻视的力量，那是数万人之众的知识分子、南宋王朝的精英阶层。朝廷闻之，深为担忧，韩侂胄那一帮人更担心因此爆发什么骚乱，只得三令五申，严加打击，却还是有许多人前去。

朱熹死后两年，迫于巨大的压力，整人运动终于结束。

饱受“仇怨”之苦的朱熹，则在留给子孙的家训中告诫了应对这种邪恶力量之道，不仅不可“以牙还牙”，更不可中了那“仇怨”的毒，也生出一颗“仇怨”的心来，做出一些恶事，那是大大违背他所传下的家训的。

子孙当如何？

大厦将倾显忠义

朱熹生前命运多舛，死前更是处于“人人喊打”的状况，死后却是声名大振，他的子孙也因此而有了顺利的仕途。到了南宋末年，便有一个名为朱浚的子孙，一路高升，当上了驸马。

只不过这个朱浚为官时的操守却很有问题，似乎已将朱熹留下的那些家训忘得差不多了。

当时朝廷的权臣乃是贾似道。此人依靠当贵

妃的姐姐进入官场，很有钻营能力，在治国理政上也确有些才能，但无奈当时南宋王朝病入膏肓，即便有绝世的相才，也难以回天。何况贾似道也并不是那种特别突出的人物，反而是在治病无方、回天乏力的时候，沉迷于权力游戏，把持朝政，打击异己，病上加病，这便是大错了。

正直的官员此时要么退隐，要么抗争，然而两者都是极少数，大多数选择了迎合拍马，苟且度日，无视那步步逼近的亡国危机，只管自己的小金库是否装满。

朱浚也是其中之一。

还没当上驸马的时候，他为了巴结贾似道，便极力讨好逢迎，乃至在书信中署名“万拜”，意思是我对你的敬仰之情如滔滔江水，拜一万次都不够。结果传到外面，被人当作笑料，取了一个“朱万拜”的诨名。

朱熹绝不会如此。

但也并非所有子孙都忘记了朱熹的家训。如当时另有一个名为朱沂的子孙，学识出众，却不愿出来做一个拍马官员，乐得清贫自守。同时他还对同族的朱浚忘记家训、辱没家风之举甚为不齿。

“朱万拜”巴结上了贾似道，官运自然亨通，当上驸马之后，又被任命为地方大员，他却得意不起来。

当时新兴的蒙古帝国已灭掉金国，大举南下，南宋苦苦支撑，已是日薄西山，时日无多。此刻天下都指望着自负文韬武略、不可一世的贾似道能带来一个惊喜，不料他却给天下带来一场又一场惨败，南宋的江山越来越小。愤怒的声音之下，贾似道被贬，于路上被杀。

杀了他又有何用？

蒙古已经定都北京，建立元朝，大军南下，定要灭宋。

值此存亡之秋，许多忠臣义士站出来舍身为国，其中便有大名鼎鼎的文天祥。但遗憾的是，也有许多卖国求荣的叛臣懦夫不战即降，而对付起自己的同胞来，却是凶狠百倍。

当时朱浚和他的公主妻子逃到了福州，南宋残存力量也迁移到此，建立起了一个小朝廷。无奈元军攻势凌厉，小朝廷内部又不太团结，根本站不稳脚跟，没待几天，就只得坐船逃到海上。

也不是所有人都有逃走的资格，总要有人留下来死守，以争取时间。

朱浚就是被留下来的人。

在一些人格并不怎么样的官员看来，这分明就是拿我当“炮灰”嘛！我还守什么？直接投降得了，还能继续当官呢！不仅如此，我还要因为拿我当“炮灰”的“仇怨”，拼命地追杀你们！

按照朱浚此前的表现，他也大可以如此，世人并不对“朱万拜”抱以厚望。

“朱万拜”会作何选择？他选择了慷慨赴死。

当时福建地区的守将王积翁，自号为良臣，却专干叛臣之事，竟然献出了辖下所有土地，投降元军。那福州守将王刚中，既不“刚”，也不“中”，倒是有点“急”，一看王积翁抢先投降，得了重赏，立马也献出“都城”福州，若不是南宋小朝廷逃得快，只怕也要一块儿献出去了。

朱浚，这位似乎忘记朱熹家训许久的子孙，在此关头并没有继续发扬他的“万拜”作风，或者因为被抛弃下来当“炮灰”心生“仇怨”，反而是又想起了家训之大义。

“你是南宋皇族公主，我是南宋大儒之后，怎么可以干出投降的事情呢？”

这是他与自己的妻子临终之言。

夫妻双双服毒自杀。

在人生的终点，朱浚终于用生命的代价，回归了朱氏家门。

当时因为对南宋朝廷的“仇怨”，“一怒”当了叛臣，再回头对付其同胞的人，可是大有人在，曾经死守襄阳的吕文焕，就在投降后当起了急先锋。王积翁这等货色，更是为敌人甘当马前卒，还去劝降过文天祥。他们此前的声名，都远高于“朱万拜”，最后的表现，却是留作万年羞。

30

于成龙：不做富翁做穷官

“致富由勤，人尽知之。我谓公道二字，乃致富之要诀。常见世人欺慢愚人，巧诈取财，或戥秤升斗出入各别，也有赚钱起家的究竟巧里来，拙里去，明里来暗里去，盖由出此心一欺，必干天谴，终成无益，何如任天由命，永保福基，故我谓公道二字，其致富在勤字之上。富贵是命里带来的，自不必说，然亦非铁汁熔成的。天道恶盈，若无德以迓之，恐转而消折矣。钱财盈丰，千仓万箱，不过属你管辖，不可看作万年不拔之基。若遇好事不做，遇贫难不施，不过一守财虏耳。或者博施济众，上天鉴之，必永享富厚也。”

这段话出自清代名臣于成龙的《于清端公治家规范》一文，大意是训诫子孙应该养成一种什么样的金钱观、财富观。在于成龙看来，“君子爱财取之以道”，赚钱致富本身无可厚非，而且是生活必需，但切不可走歪门邪道、坑蒙拐骗，甚至伤人害命来发财。在发财之后，也不能掉到钱眼中去，成为金钱的奴隶，一副守财奴的德性，而是要乐善好施，帮助贫穷困难之人，如此才有积福积德的功效。

如何养成正确健康的金钱观？这是为人处世中的敏感问题，也是家庭教育中的关键问题，于成龙的这番训诫，就是一个很好的参考。他被康熙皇帝誉为天下第一廉吏，却并非要清高到“视钱财如粪土”，而是“视钱财如朋友”，善加运用，匡时济世，做了许多利国利民的事情。

不做富翁做穷官

与许多廉吏不同，于成龙出身还算优厚。

其祖上在明朝做过大官，积累起了相当雄厚

的家底，退休之后用来买田买地，繁衍数代后，于家成了当地的大家族。虽然因为不断地分家，财富有所分散，但就总体而言，于家的经济情况明显高于当时的平均水平。

也就是这样一个有钱的家族，很早就有一种乐善好施的家风。这种家风的突出表现，就是在明朝末年战乱时期，为了抵御盗寇袭扰，于家所在地的百姓要集资修筑堡垒，于成龙之父于时煌，不仅代表于家捐献大量财物，还让出自家祖坟旁边的"风水宝地"，对此他坦然表示："我里千家保聚，独我家不利，害少而利多，堡当筑矣"——这件事当然有损于家利益，但却对许多家有利，那么就是利大于弊，修！

其时于成龙早已出生，父亲所为，对他自然有深刻影响。

这位后来在康熙年间闻名天下的廉吏，出生之时距离明朝灭亡还有不到三十年，饥荒、腐败、战火、外敌在这片土地上以越来越强的态势在发展。不过于家的家势并未有所削弱，反而还有所发展。以于成龙一家为例，他们就从乡下搬到城里面，住上了黄金地段的大宅子。作出这个决定的父亲，主要是为了子孙的教育考虑。虽然世道并不太平，但当时还没有人敢去想象明朝灭亡这件事，许多父母还是寄希望于教导子孙读书，去考个科举功名。

有意思的是，于成龙虽然得益于家势雄厚，自幼便接受系统教育，却对传统的科举考试、八股文等很是不屑。传说他某日读书读得烦了，突然合书怒言道："千言万语，不就是仁义礼智四个字嘛！"其父当时听闻很是惊奇。又如他对于李白所作《嘲鲁儒》一诗中对书呆子的讽刺也是特别有同感：鲁叟谈五经，白发死章句。问以经济策，茫如坠烟雾。

反感归反感，他还是要去参加科举考试的。只不过这样一个性情的人，在科场上的表现实在让人"担忧"。加上当时明朝处于基层全面腐烂的晚期，于成龙恰好便遇上了一个大肆受贿的考官。考生闻知，义愤填膺，于成龙更是不惜抛弃自己的前途命运，在考卷中猛烈抨击腐败时政。结果文章写得好，成绩却相当糟糕，勉强上了替补名次，差点就名落孙山了。

替补名次也是名次，也有做官资格，但放眼天下，当时明朝四处动乱，哪里有官可做？又哪有做官的心思呢？心灰意冷的于成龙遂归隐回家去了。

然而时局之变化，实在迅速猛烈，于成龙刚刚归乡，明朝就开始步入崩溃阶段，于家曾经不错的家势，也在这崩溃之下受到波及，沦落到贫穷境地。在改朝换代的动荡中，颇为沮丧的于成龙一度隐居于寺庙之中，又一度出来当教书先生，挣钱养家糊口，科举之路离他越来越远。父亲去世之后，担当起家长之责的他，更是全力放在了发财致富上。

或许是家风所传，他的经济头脑实在不赖，在种田致富上有卓越成绩。他先是对当地土地、气候等进行了一番分析，再根据这个分析，改进农业生产技术，并亲自带着一家老小，加上租种自家土地的佃农，精耕细作，经营所得除了帮助同乡之外，也会拿来购入一些土地，进行扩大再生产。

不出几年，于家便又成了当地有名的富户。

后来于成龙出山入仕，远赴广西地区为官，便将这份家产留给长子于廷翼经营。

这个儿子也是不负所托，很有经济方面的才干。本来才学不亚于父亲的他，在受命为一家之长后，放弃了做官机会，专心于经营家业，治理家中事务。同时他还要给远在广西为官的父亲送去一些援助，如仆人，前前后后就送了九人过去，在当时这笔花销就很可观了。还有记载称，于廷翼还曾出钱扩建当地寺庙，足可见其财力之宽裕。

于成龙活动的年代是明末清初，家破人亡者比比皆是，在这种乱世动荡的岁月，能幸存下来就已是极为不易了。即便在战火中有过一段时间的衰弱，却能在局势平复之后迅速复兴家业，以于成龙的经济才干或者说赚钱本事，似乎应该去当一个商人，但他却选择了当官。

千万不要以为是当了什么“肥缺之官”。

他所当的官，是一个地地道道的穷官。

理财高手不爱财

于成龙所做之官，在广西一个边远地区，盗匪横行、民生凋敝，到任之时城中居民竟然不足十户，前任要么是死于非命，要么是偷偷逃走。

若是为了赚钱，于成龙绝不会来这种地方。

他来是为了做事的。

虽然年过四十才初次为官，却在饱经风霜之后有犀利的洞察力和老练的施政手法。要在枕头下放着刀剑来防身的他，对当地盗匪采取了严厉的打击手段，迅速安定社会秩序之后，得以恢复人口、发展生产，很快就以政绩闻名于广西地区，进而成为了考核中的佼佼者。

按照当时贪官污吏的逻辑，一个地方经济发展起来后，自己的荷包也应该“水涨船高”。但于成龙对此却看得十分明白，颇有经济头脑的他一旦为官，所谋所虑之中，从来都没有自己的那一份钱。不仅如此，他还毅然废除当时公开盛行的一些贪污手段，如从老百姓所缴赋税中抽成的做法。

这样一个有能力的官员，上级自然重视，尤其是当时广西地区的主政官员，对于如何在这个经济不太发达的地方筹措钱粮以供养驻扎在这里的数万军队，很是头疼，便多次找来于成龙，要他出谋划策。于成龙也以自己的经济头脑，先后提出了许多建议。

比如，在堪称暴利的食盐销售上，他就建议政府支持来往流动的外地盐商，打压囤积居奇的本地盐商，同时简化相关手续，方便流通，减少障碍，让食盐价格恢复到合理水平，对百姓和朝廷都有利，当然，对那些和本地盐商勾结的贪官污吏就很不利了。

又比如，为了对付饥荒，他建议朝廷在丰收年月里以平价从市场上购粮，储存起来，到了饥荒年月仍以平价出售给百姓，如此便能打击那些想发“灾难财”的粮商，稳定社会秩序，大大有助于朝廷的救灾救荒。

再比如，对于长期与封建王朝为伴的贪官污吏，于成龙极力主张发现一个抓一个，绝不手软。因为当时广西地区经济较为落后，百姓生活本来就极为不易，官员也较为清廉，若还有害群之马，那么影响远较富庶地区恶劣，必须重处，不得手软。而对于那些仗着官员撑腰为非作歹、私饱中囊的基层工作人员，他更是主张严格管理。

从这些建议中不难看出，对于那些奉行“小人爱财取之无道”的奸商，以及整天想着怎么弄钱的贪官污吏，于成龙不仅十分鄙夷、厌恶，还在运用自己的经济头脑进行限制、打击。这些建议后来有不少为朝廷所采用，取得了很好的效果，于成龙也得到了进一步的提拔和重用。

而曾经率领家人发财致富的他，生活却是一如既往地清苦，为官之后，有时竟然连酒都喝不起，只能减少为一天半壶，还是当地最便宜的那种酒。衣着朴素的他，也曾在当地官员的聚会上被人讥笑。这种清苦传回老家，于家的族长让人传信过来，让于成龙速速辞官回去，原因是族长认为这种穷苦差事是“赔钱”的买卖。

于成龙自然没有听从。

他有大商之才，更在幼年时深受父亲义举的

影响，知道为百姓、为天下之利计，才是真正意义上的“赚钱”。

数年之后，政绩优异的他被朝廷提拔到四川合州为官，有意思的是，这位穷苦官员临行时的路费还是他的上司筹措而来。

在合州他的政绩也颇为出色，又被提拔到湖北黄州任职，此后仕途平坦，大约五十六岁时已经主政武昌了。

廉洁刚正的他，为官十余年，从来都是与当时的种种“潜规则”格格不入，却从未因此遭到一个上司或者同僚的打击，反而得到他们的认可和推荐，屡次在考核中被评为“卓异”，也就是特别优异的等级，声名直达康熙皇帝那里。

这自然是与他为国家利、为百姓利的金钱观密不可分的。

后来高升到福建按察使时，他又遇上了极为棘手的经济难题，却在短时间内化解，赢得赞誉一片。

当时清朝尚未统一台湾，故而在福建地区驻有大量军队，钱粮消耗极大，加上这些军队军纪败坏，强行征用了不少百姓，进一步耽误了农业生产。结果福建地区便闹起了粮荒，以军队集中驻扎的泉州最为严重。

其实当时福建地区的米商不少，他们手中的存货也颇为丰富，若他们有于成龙的金钱观，那么值此危难时刻，就应该慷慨解囊，拿出粮食以平价或者低价销售，稳定社会秩序。

很遗憾，他们只想趁机囤积居奇，大捞一把，一看到粮荒到来，便立刻起了奸心。

为了满足军队所需，福建总督姚启圣立即拿出私财五千两，连同其他官员的五千两，凑成一万两，准备到福州去买粮，运到泉州解困。对此于成龙却有不同意见，以他的经济眼光，早已看出此时买粮只会越买越贵，又不可能对那些米商用强硬政策，那只会造成动乱。他的应急之策是从福建各地官府储备中大量借粮，用这些粮食来缓解目前的危机，抑制粮价上涨，待到朝廷方面的援助到位之后，那些米商无奈之下只有抛售，到时再偿还这部分所借粮食也就不是难事了。

粮荒成功化解。

此后名扬天下的于成龙，官越做越大，生活却越来越清贫。这位在财富观上与大多数官员不同的人物，认为官位越大，那么对于财富就要越淡泊，要更加清廉，如此才能起到表率作用。有记载称他长期以粗粮青菜为食，与府中的仆役是同一个水平，乃至有过一年不吃肉的纪录，传至民间，百姓以“于青菜”美誉之。这位善于理财却没有积累过什么财的清廉官吏，在朝廷和百姓中都有很高的声望，当他去世之时，许多百姓痛哭流涕，康熙皇帝也罕见地亲自为其撰写碑文。

图书在版编目(CIP)数据

中华优秀家风故事/匡济编著．—北京：中国方正出版社，2022．1

ISBN 978-7-5174-0820-8

Ⅰ．①中… Ⅱ．①匡… Ⅲ．①家庭道德—中国—通俗读物 Ⅳ．①B823．1-49

中国版本图书馆 CIP 数据核字（2020）第 084523 号

中华优秀家风故事

ZHONGHUA YOUXIU JIAFENG GUSHI

匡　济　**编著**

责任编辑：陈金华
责任校对：周志娟
责任印制：李惠君

出版发行：中国方正出版社
（北京市西城区广安门南街甲 2 号　邮编：100053）
发行部：（010）66560936　门市部：（010）66562733
编辑部：（010）59594614　出版部：（010）59594625
网址：www．lianzheng．com．cn
责编 E-mail：cpicjh@126．com
经　　销：新华书店
印　　刷：北京中科印刷有限公司

开　　本：787×1092 毫米　1/32
印　　张：12
字　　数：160 千字
版　　次：2022 年 1 月第 2 版　2022 年 4 月北京第 2 次印刷

ISBN 978-7-5174-0820-8　　定价：48．00 元

（本书如有印装质量问题，请与本社发行部联系）